**인류학자가 들려주는 성과 젠더 이야기**

# 남녀차별은 왜 생겨났나?

**책임편집 및 번역** 박찬규

서강대학교 불어불문학과를 졸업하고 프랑스 파리의 광고전문학교를 졸업한 뒤 앙제대학교에서 커뮤니케이션 과정을 수료했습니다. 잡지 〈샘이깊은물〉 기자로 활동하였고 지금은 책을 기획, 편집, 번역하는 일을 함께 하고 있습니다. 그동안 번역한 책으로는 『전쟁의 슬픔』(예담), 『폴 고갱, 슬픈 열대』(다빈치), 『와인』, 『축구』(이상 창해 ABC북 시리즈), 『디자인에 대해 알고 싶은 모든 것들』(다빈치), 『이집트 옛이야기 11가지』(구름서재), 『이슬람과 코란이야기 13가지』(구름서재), 『엘리자베스의 편지』(아롬주니어) 등이 있습니다.

**La difference des sexes** Editions Bayard, 2010

All rights reserved.

Korean translation copyright © Davincigift(Gurumsojae) 2017

This Korean edition was published by arrangement with Editions Bayard through Sibylle Books Literary Agency.

이 책의 한국어판 저작권은 Sibylle Books Litterary Agency를 통해 프랑스의 Editions Bayard와 독점 계약한 다빈치기프트(구름서재) 출판사에 있습니다. 저작권법에 의해 대한민국 내에서 보호받는 저작물이므로 무단 전재나 복제, 광전자 매체 수록을 금합니다.

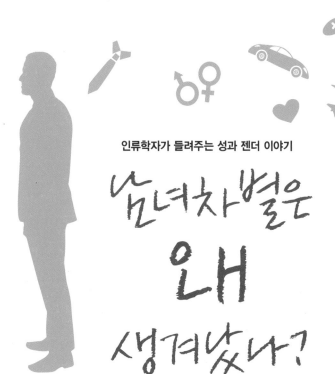

인류학자가 들려주는 성과 젠더 이야기

# 남녀차별은 왜 생겨났나?

프랑수아즈 에리티에 지음 · 박찬규 옮김

구름서재

- 남녀의 신체적 차이를 능력의 차이로 볼 수 있을까요?

- 남녀의 능력의 차이를 두고 한쪽이 다른 쪽보다 우월하거나 열등하다고 말할 수 있을까요?

- 남녀의 행동과 능력의 차이가 가정이나 직장에서 권리의 차이로 이어지는 것이 정당할까요?

- 지금 여러분은 남녀가 평등한 사회에서 살고 있다고 생각하나요?

- 원시시대로부터 남성이 여성을 지배하는 사회가 만들어진 근본적인 원인은 무엇이었을까요?

## 이야기를 시작하며

이제부터 여러분과 그리 단순하지 않은 주제에 대해 이야기 해보려 합니다.

그것은 "몸의 차이가 권리의 차이를 만들어낼 수 있는가?"라는 문제예요. 여러분은 자신을 남자 또는 여자라고 알고 있을 겁니다. 남들이 그렇게 얘기할 뿐만 아니라 여러분도 그것을 마음속에 받아들이고 있죠. 그래서 "나는 남자야." 또는 "나는 여자야."라고 어디 가서든 자신 있게 얘기합니다. 사실 남녀의 신체적인 차이는 눈으로도 확연히 드러나니까요. 하지만, 과연 이것이 '행동' 또는 '능력'의 차이로까지 이어질 수 있을까요? 그리고 무슨 일인가를 할 때 남자에게 또는 여자에게 적합한 것이 따로 있을까요? 또 이런 차이를 두고 한쪽 성性이 다른쪽 성性보다 우월하다고 말할 수 있을까요? 더구나 한쪽 성이 다른 쪽 성에 대해 "둔하다," "말이 많다," "신의가 없다." 같은 부정적인 판단을 내리는 일이 정당할까요? 더 나아가 남녀의 신체적 차이가 개인의 권리, 가정에서의 위치, 교육, 직업, 업무, 급여, 정치 활동 등에서의 차이로까지 이어지는 것이 타당할까요? 예를 들면, 국회로 진출하여 국민의 대표 역할을 수행하는데, 여성들보다 남성들이 더 유능하다고 얘기할 수 있을까요?

이 모든 질문에 대해 저는 단호히 "아니요!"라고 대답하면서 이 문제들에 대한 이야기를 시작해 보려고 합니다.

---

**인류학**  인류학이란 동물에게서는 찾아볼 수 없는 인류만의 생활방식과 그것이 만들어낸 사회구조, 관습, 종교, 예술, 과학 등 전반을 다루는 학문입니다. 하지만 이렇게 넓은 분야의 문화들 가운데서 인류학이 탐구하는 가장 근본적인 것은 시대와 환경에 따라 인간들의 사고방식들이 어떻게 변화해 왔는가 하는 것입니다. 이 책에서 지은이는 인간의 사고방식이 남자와 여자를 어떻게 구분하고 각각의 성에 어떤 의미와 가치를 부여해 왔는지에 대해 인류학적으로 접근하고 있습니다.

여자와 남자는 타고나는 걸까
만들어지는 걸까?

여러분은 지금 '소년' 또는 '소녀'라고 불립니다. 하지만 곧 어른이 되면 여자 또는 남자로 불리게 될 거예요. 이렇게 여러분은 앞으로 나이가 들고, 어른이 되겠지만, 여러분 개인 개인이 어떤 모습으로 변해있을지는 아무도 예측할 수 없습니다. 중요한 것은 저나 여러분들의 부모세대도 마찬가지였다는 거예요. 지금까지의 역사를 돌이켜보면 양성관계, 즉 남녀의 관계는 역사에 따라 변화해왔습니다. 그리고 그 변화를 개인들이 그대로 받아들였을 뿐이죠. 그런데 우리는 교만하게도 스스로 그것을 결정하고 선택했다고 착각하곤 합니다. 하지만 그건 전혀 옳지 않습니다. 태어나면서부터 우리는 특정한 방식으로 생각하도록 정형화되었을 뿐입니다.

　부모, 학교, 만화책, 텔레비전, 광고, 친구, 이웃 그밖에 주변에 보이는 모든 것들에 의해 우리는 길들여집니다. 그러면서도 우리의 생각이 이끄는 대로 행동하는 것이라며 그것을 당

젠더는 타고난 신체적 특징뿐만 아니라 그에
따른 사회적 기대치까지 포함한 용어입니다.
따라서 젠더에는 우리의 마음가짐이나 행동방식,
태도, 생활습관 등이 모두 포함됩니다.

**젠더gender와 섹스sex** 둘 다 우리말로는 '성'이라는 말로 번역할 수 있지만 그 의미에는 차이가 있습니다. 크게 말해 젠더는 사회적인 의미의 성이고, 섹스는 생물학적인 의미의 성을 가리킵니다. 1970년대 들어 페미니스트들 사이에 젠더라는 말이 즐겨 사용됩니다. 특히 프랑스의 사상가인 시몬 드 보부아르가 『제2의 성』에서 "여성은 태어나는 것이 아니라 만들어지는 것이다."라고 주장하면서 젠더 개념의 토대가 만들어졌습니다. 이렇게 젠더는 성적 차이를 넘어 고정관념이 되어버린 이미지나 사회적 한계, 역할 규범 등을 보여주기에 남녀관계에 대한 새로운 인식을 정확하게 나타내주는 용어입니다. 1995년 북경에서 열린 제4차 여성대회 GO(정부기구) 회의에서는 섹스sex라는 말 대신 젠더gender라는 말을 사용하기로 결의하여 오늘날 세계적으로 널리 사용되고 있습니다.

연한 것처럼 여기죠. 이처럼 우리는 자신이 속한 사회가 만들어낸 일반적인 사고방식이나 문화에 젖어서 살아갑니다. 이렇게 성별에 따라 사회가 바라는 것에 맞춰지고 다듬어지는 것을 인류학이나 기타 학문에서는 '젠더'라고 부르지요. 우리는 스스로 이 젠더에 맞춰 살도록 교육을 받고 부추겨집니다.

젠더에는 생각이나 행동방식, 태도, 용모 등이 모두 포함됩니다. 말하자면 개인이나 사물을 이전부터 미리 만들어진 '마음속의 서랍'에 넣어 분류하는 것과 같죠. 이렇게 젠더는 눈에 드러나는 남자와 여자의 구분 외에도 그에 따른 기대치까지 포함합니다. 만약 깊은 마음속에서 "나는 저쪽 젠더가 더 맞아."라고 생각하는 사람들은 거기에 포함되고 싶은 마음에 갈등하고 방황하게 되겠죠.


### ▦ 젠더

방금 저는 젠더를 만들고 정하는 것이 자연법칙이 아니라, 사회가 오래 쌓아오고 유지해온 문화라고 말씀드렸습니다. 만약 자연이 그렇게 만든 거라면 그걸 거스를 수 있는 방법은 없을 거예요. 그랬다면 우리도 꿀벌들이나 개미들처럼 자연 사람들은 남녀가 살아가는 방식이 다른 것은 당연하며 그것이 자연의 법칙이라고 생각해 왔습니다. 하지만 집단마다 성에 따른 행동양식은 매우 다양한 모습으로 나타났으며 같은 집단에서도 성에 따른 행동 방식은 시간과 함께 변화해 왔습니다.

케테 콜비츠 〈생존자들〉, 1923

함께 토론해 봅시다!

– 우리나라에서도 남녀의 성에 따른 행동규범은 늘 변화해 왔습니다. 크게 변한 것들에는 어떤 것이 있는지 얘기해 보고 이런 변화가 왜 일어나는지도 생각해 봅시다.

이 입력해놓은 대로 기계적으로 움직였겠죠. 해가 동쪽에서 뜨고, 번개 다음에 천둥이 치고, 물이 높은 데에서 낮은 곳으로 흐르듯이 말이에요. 자연은 한 치의 착오나 어긋남도 없이 거역할 수 없는 규칙을 따라 움직입니다. 이것을 우리는 자연법칙의 당위성이라고 부릅니다. 만약 인간도 자연법칙에 따라 프로그램화되었다면 우리 또한 주어진 법칙에 따라 일률적으로 행동할 것입니다. 하지만 규모가 작은 집단에서조차 성에 따른 행동은 매우 다양한 모습으로 나타납니다. 그리고 같은 집단에서도 성에 따른 행동방식은 시간이 지나면서 변하게 되어 있죠.

지금 우리가 살고 있는 프랑스만 보아도 이런 변화가 점점 빨라지는 것을 알 수 있습니다. 특히 최근 60년 동안 이런 현상은 더 두드러지게 나타나고 있는데요, 저는 그 기점을 제2차 세계대전으로 봅니다. 제2차 세계대전 이후에 변화가 더 빨라졌다는 이야기죠.

변화와 다양성은 인간이 만들어낸 문화의 특성이기도 해요. 문화*는 사고의 규범을 세워 함께 살도록 하는 '인간만이 가지고 있는 정신'의 산물로, 인간을 동물과 구분해주고 합리적으로 행동하게 해주죠.

## 📖 사고방식

주변 사람들과 어울리며 잘 살아가려면 그들과 같은 방식으로 사고하는 것이 유리합니다. 그래서 우리는 이런 사고방식을 자연스럽고 당연한 것이라고 스스로 설득하죠.

이 점은 매우 중요합니다. 보다 쉬운 이해를 위해 간단한 예를 하나 들어 볼게요.

프랑스 사회에서는 나를 낳아주고 길러준 이를 가리켜 아버지père라 부르죠. 그리고 그와 대칭이 되는 어머니mère라는 호칭이 있습니다. 또 아버지와 어머니의 형제자매를 가리켜 삼촌oncle(영어 uncle)이나 고모/이모tante(영어 aunt)라 하고, 그들의 자식들을 사촌cousin(영어 cousin)이라 부릅니다. 이렇게

---

\* **문화culture** 문화란 인간이 자연 상태의 것에 의식적으로 작용을 가하여 변화시키거나 새롭게 창조해 낸 것을 말합니다. 의식주의 도구나 언어, 풍습, 종교, 학문, 예술, 제도 등 집단 공통의 생활방식들을 모두 포함합니다. 인간은 이 문화를 통해 가족단위를 넘어 마을이나 국가, 세계 단위의 큰 집단 공동체를 유지하고 이어갈 수 있습니다.

우리는 인척관계를 말해주는 여러 단어들을 가지고 있습니다. 이런 단어들은 혈통관계 속의 개인을 가리키는 것이기 때문에, 생물학적인 사실을 과학적으로 표현하고 있다고 생각하기 쉽습니다.

하지만 아프리카나 인도네시아 등 일부 사회에서는 아버지의 남자형제를 부를 때도 "아버지"라고 합니다. 반면 어머니의 남자형제를 가리켜서는 '(외)삼촌oncle'이라고 부르죠. 또한 어머니의 여자형제들을 부를 때에는 '어머니'라고 하는 반면 아버지의 여자 형제는 '숙(고)모tante'라고 불러요.

그러면 '아버지'나 '어머니'의 자식들은 자연스럽게 나의 '형(누나, 언니)'이나 '동생'이 되겠죠. 즉 이들 사회에서 형제자매는 (같은 아버지나 어머니에게서 태어난) 진짜 형제자매뿐만 아니라 부모의 형제자매의 자식들까지 모두 포함됩니다.

지금 여러분에게 '사촌'은 남에 해당합니다. 바꾸어 말하면 여러분이 그들 중 누군가와 결혼할 수도 있다는 얘기이지요.

이처럼 혈연관계에 대한 사고방식은 문화마다 달라요. 하지만 우리와 다른 사고방식 안에서 살아가는 사람들은 이것이 자연스럽고 당연한 것이라고 여기고 모두들 자기처럼 생각한

**근친상간 금지 그리고 사촌 간의 결혼**  레비-스트로스를 비롯한 인류학자들은 인간만이 지닌 문화적 특징을 탐구하면서 '근친상간 금지'라는, 인간에게만 있는 큰 특성을 발견했습니다. 인간과 동물들은 모두 성관계에 의해서 자손을 번식하며 종의 생존을 이어왔고, 이것은 자연의 법칙이라 할 수 있습니다. 하지만 동물들 가운데 인간만이 근친상간 금지의 규범을 만들어 유지하여 왔습니다. 인류 문명이 탄생한 이후 근친상간의 규범은 시대와 사회를 막론하고 동일하게 유지되어 왔는데 레비-스트로스는 이것을 인간이 자연에서 문화로 넘어오는 시발점으로 보았습니다. 하지만 여기서 우리가 근친이라 말하는 친족관계의 범위는 집단과 시대 그리고 계층마다 다릅니다. 우리나라의 경우 조선시대 이전까지는 근친간의 결혼이 널리 성행했지만 성리학의 엄격한 규정을 적용하면서 같은 성을 가진 사람을 모두 친족으로 보아 그 범위를 매우 넓게 적용하기도 했습니다. 오늘날에도 근친상간을 금지하는 문화는 모든 나라에서 유지되고 있지만 그 범위는 모두 다릅니다. 프랑스를 비롯한 대부분의 나라에서는 사촌간의 결혼을 허용하고 있으며 우리나라, 중국, 필리핀, 미국의 일부 주에서는 사촌 간의 결혼을 금지하기도 합니다. 또한 전통에 따라 친족이 어머니 쪽이냐 아버지 쪽이냐에 따라 결혼을 금지하는 범위를 다르게 적용하기도 합니다.

다고 믿죠.

### 🖩 변화

시간이 흐르면 모든 것이 변하게 되어있습니다. 그러다가 모두가 당연히 여기고 행동하던 것이 사실은 보편적이지도, 당연하지도 않다는 사실을 깨닫는 날이 오죠. 더불어, 자기가 살면서 느꼈던 불평이나 부당한 것을 바꾸겠고 나서는 사람도 나타납니다. 이런 생각들이 행동으로 옮겨지고 같은 의견을 가진 사람들이 늘어나면 그들의 목소리는 커지게 됩니다.

가령 우리들이 가지고 있는 민주주의 시스템에서는 투표를 통해 대표를 국회로 보내고 법도 바꿀 수 있죠. 이것이 오늘날 민주주의가 움직이는 방식입니다.

프랑스에서 아내가 남편의 허락 없이 직장을 가질 수 있도록 법이 제정된 것도 이런 혁신을 통해서였습니다. 여러분들은 잘 모르시겠지만, 이런 법이 만들어진 것은 제2차 세계대전이 끝난 뒤였어요. 동일한 노동에 대해 남자와 여자가 동등한 임금을 받도록 하는 법이 만들어진 것은 그보다 뒤였죠.

물론 이 법이 얼마나 잘 시행되고 있는가는 별개의 문제이지요. 여기서는 단지 이런 법이 존재한다는 사실만 말씀드리고 넘어가겠습니다. 제2차 세계대전 이후 제정된 여성의 정치

**동일노동 동일임금** 인종, 종교, 국적 또는 성별이나 정규직, 파트타임, 파견사원 같은 고용형태와 관계없이 같은 직업에 종사하는 노동자에 대하여 노동의 양에 따라 동일한 수준의 임금을 적용한다는 원칙입니다. 제1차 세계대전 뒤 체결된 베르사유조약에서 이 원칙이 처음 논의되었습니다. 1951년 국제노동기구(ILO)는 동일한 가치를 지니는 노동에 남녀 상관없이 동일한 보수를 적용한다는 협약을 채택하고 이 원칙을 국제노동기구 헌장에 실었으며 국제 인권법에서도 이 원칙을 명시하고 있습니다. 하지만 현실적으로 남녀뿐만 아니라 근속연수의 차이, 상근직과 임시직 등에 따라 임금의 차이가 생길 수밖에 없기 때문에 오늘날 이 원칙이 잘 지켜지고 있다고 보기는 힘듭니다.

참여 권리나 피임 기본권 등의 양성평등 관련 법안들에 대해서도 일일이 열거하지 않겠습니다. 대신 이 자리에서는 여러분과 부모님들 모두의 관심사인 교육 관련 법안들에 대해서만 몇 가지만 얘기해 볼게요.

쥘 페리*가 학교를 종교에서 분리하고 무상의무교육으로 전환하면서 남자와 마찬가지로 여자들에게도 무상의무교육

**여성참정권** 여성이 남성과 동등한 선거권과 피선거권을 가지는 것을 말합니다. 17–18세기 서유럽의 시민혁명과 함께 민주주의가 정착한 뒤에도 오랫동안 여성이 정치에 참여할 수 있는 권리는 제한되었습니다. 19세기 영국과 미국에서 여성운동이 활발해지면서 여성의 참정권 문제가 논의되었지만 실제로 여성이 남성과 동등한 정치적 권리를 행사할 수 있게 된 것은 1893년 뉴질랜드가 최초였습니다. 민주주의가 가장 먼저 발달한 미국과 영국에서는 각각 1920년과 1928년 여성에게 참정권이 주어졌으며, 프랑스에서는 제2차 세계대전이 끝난 1946년에야 비로소 법률상의 여성참정권이 보장되었습니다. 우리나라는 1948년 제정된 최초의 민주헌법에서 남녀의 차별 없이 선거권과 피선거권을 인정하였습니다.

**무상의무교육**은 국가가 일정 연령의 아동들에게 의무적으로 학교교육을 받게 하고 그 비용은 모두 국가가 부담하는 제도입니다. 이러한 생각은 16세기에 독일의 종교개혁가 루터가 처음으로 주창했습니다. 그리고 1619년 바이마르공화국에서 6~12세의 모든 아동에 대한 취학을 의무화함으로써 처음 시행되었습니다. 하지만 이 제도가 본격적으로 시행되기 시작한 것은 프로이센의 프리드리히왕이 1763년 '일반지방학교령'이라는 교육령을 발표하면서였습니다. 국가에 의한 의무교육제도는 미국에서는 1852년 매사추세츠 주에서 처음 시행되었고, 1860년 영국, 1872년 프랑스, 1885년 일본에서 실시되었습니다. 우리나라에서는 1948년 헌법에 의무교육이 법제화되었지만 실질적으로 시행된 것은 1954년 이후부터였습니다.

을 실시토록 한 것은 1882년, 그러니까 지금으로부터 130년 전쯤의 일이에요. 당시 프랑스에는 남녀가 다니는 학교가 따로 있었을 뿐만 아니라 남녀의 입학시험 제도도 달랐습니다. 당시에는 교육 정책을 펴는 사람들뿐 아니라 일선 교육자들까지 '선천적으로' 여자아이들은 남자아이들보다 학습능력(특히 수학이나 과학에서)이 떨어진다는 낡은 생각을 가지고 있었죠. 하지만 그 동안 여성들이 많은 성과들을 이뤄내면서 이것이 잘못된 생각임이 입증되었어요. 남학생보다 여학생들의 문제를 쉽게 출제하였던 바칼로레아*에서 남녀의 차별을 철폐한 것도 1924년에 이르러서였습니다. '하비Haby법'에 따라 초·중·고교의 남녀 학교 \리를 철폐한 것도 지금부터 약 40년 전인 1975년이었죠. 그 전에는 대학교조차 남자학교와 여자학교

---

* **쥘 페리**Jules Ferry(1832~1893)는 프랑스의 변호사이자 정치가입니다. 프랑스 제3공화국 시절 총리를 두 차례 지냈고 공공교육부 장관을 지냈습니다. 가정이나 가톨릭교회를 중심으로 이루어지던 프랑스의 교육제도를 대폭 개편하여 국가가 주도하는 공교육을 정착시키는 데에 큰 공헌을 했습니다.
* **바칼로레아**Baccalaureat는 프랑스의 고등학교 졸업시험이자 대학입학자격시험이라고 볼 수 있습니다. 이 바칼로레아를 통과하면 특수 전문대학인 그랑제콜Grandes Écoles을 제외하고는 별도의 선발시험 없이 어느 지역, 어느 대학이든지 지원할 수 있습니다.

사회적 계급의 구도 속에서 남자가 여자보다 우위에 있어야 한다는 생각은 은연중 남녀 학생들에게 주입되며 이것은 당연한 듯 받아들여져 학교생활에서도 나타나곤 합니다.

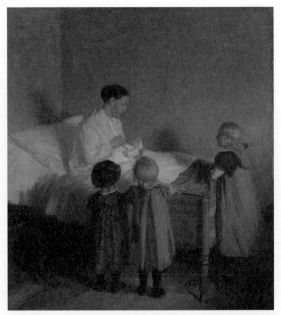

안나 앙케, 〈남동생〉, 1905

가 따로 있었습니다. 여러분들에게는 먼 옛날 얘기 같겠지만,
우리 어른들은 이것이 최근에야 얻어진 성과라는 사실을 잘
알고 있답니다.

함께 토론해 봅시다!

- 학교에서 배우는 것들 중에서 선척적으로 남자 또는 여자가 더 잘할 수 있는 과목이
  있을까요?
- 만약 그런 과목이 있다면 능력의 차이 때문일까요 아니면 다른 이유 때문일까요?
- 코미디, 드라마, 영화, 광고 등에서 남자와 여자에 대한 잘못된 고정관념을 드러내는
  예들을 찾아내 이야기해 봅시다.

편견은 우리의 일상 속에서
우리를 통해 퍼져나간다


### ▦ 우월의식

민주사회를 살아가는 사람이라면 열린 사고를 가지고, 현재 주어진 규범들이 진실한 것인지 또는 꼭 필요한 것인지에 의문을 품을 줄도 알아야 합니다. 또한 낡은 것을 답습하는 데에서 벗어나, 공동체가 함께 살아갈 새로운 방안들을 찾아내고 개척할 줄도 알아야 합니다.

여러분 모두에게는 여러분들만의 방식으로 어른이 될 권리가 있습니다. 지금 어른들이 자기 부모세대와, 그 부모 세대는 또 자기 부모 세대와, '다른 어른'이 되었듯이 말입니다. 이런 집단적 생각들이 모여 세상의 변화에 대처하는 새로운 생각과 행동들이 만들어지는 것입니다. 제가 이 자리에 서있는 것도 여러분에게 이러한 사고의 물고를 틔워 주기 위해서이지요.

여러분은 지금의 세상에서 무엇을 보시나요? 우리가 살고 있는 서양하고도 유럽, 그리고 프랑스에서의 일상을 한번 살펴봅시다. 보통 남학생들은 교실에서 여학생 옆에 앉기를 꺼

려 합니다. 게다가 남학생과 여학생은 잘 어울려 놀려고 하지도 않죠. 남자아이들 중에는 여자들을 비난하거나 무시하는 태도를 보이는 친구들도 가끔 있습니다. 여학생이 선생님의 질문에 먼저 대답했다는 이유만으로 따돌림이나 괴롭힘을 당하는 경우도 있어요. 여학생이 나대는 것을 못마땅하게 보는 거죠. 사회적 계급의 구도 속에서 남학생이 여학생보다는 우위에 있어야 한다는 생각이 은연중 남녀 학생들 모두에게 주입되어 있기 때문입니다. 그리고 이런 생각을 당연한 듯 받아들여져 행동으로 나타나죠. 비단 학교나 가정에서만의 문제가 아닙니다. 텔레비전에서나 길거리에 붙은 광고판에서도 우리는 이러한 생각들을 쉽게 접할 수 있습니다. 광고, 만화, 유머, 일상의 농담 등에는 아이들의 행동을 결정짓는 마음의 풍경들이 그대로 나타나는 경우가 많습니다.

## ▦ 통념

다른 분들은 재미있게 보았을지 몰라도, 저로선 도저히 웃어넘길 수 없었던 광고 하나를 소개해 보죠. 휴대전화란 것이 처음 세상에 나타났을 무렵 등장한 광고입니다. 여러분은 휴대전화가 아주 오래된 발명품이라고 생각하실지 모르지만, 사실은 여러분과 비슷한 나이 또래밖에 되지 않아요. 그만큼 최근에 만들어진 발명품이지요.

휴대전화가 처음 나왔을 때는 업무상 요긴하다는 이유로 남성들을 주요고객으로 삼았습니다. 그래서 〈르 몽드〉 지를 비롯한 여러 신문에는, "아내들에게만 빌려주지 않는다면 휴대전화는 정말 유용한 기계"라는 메시지를 담은 광고가 오랫동안 인기를 끌었죠. 아내들에게 휴대전화를 주면 친구들과 수다를 떠는 데에나 사용하는 쓸데없는 기계가 된다는 얘기였습니다! 실제 신문광고의 하단엔 끝없이 재잘대는 여자의 수다가 작은 글씨로 빽빽하게 적혀 있었습니다. 남성들은 휴대폰을 명확한 용도로 사용하고 용건만을 말하는 반면 여성들은 휴대전화를 쓸데없이 수다를 떠는 데에나 사용한다는 겁니다. 하지만 저도 버스를 타고 다니며 남자들의 통화 내용을 유심히 들어보았지만, 놀랍게도 쓸 데 없는 수다가 대부분이었습니다.

비교적 최근인 2009년 6월 6일자 〈르 몽드〉 지의 독자의견을 접수하는 여성 여론청취기자(독자들의 불만사항 등을 듣고 질문에 답하는 기자)가 이 신문에 실렸던 렌터카 광고에 대한 독자들의 불만 사항들을 공개한 적이 있습니다. 문제된 내용은 "우리는 여성들에게도 차를 빌려줍니다."라는 문구였습니다. 여기서 '~도'라는 말은 여러 결격사유에도 불구하고 여성들에게 차를 빌려준다는 의미죠.

광고는 다음과 같은 익살스러운 내용을 담고 있었어요. 광고에는 주차 선을 완전히 무시하고 세워진 자동차들의 사진이 실렸는데, 그 중 한 대는 지하철 입구 계단 앞에 떡하니 세워져 있습니다. 이 자동차 핸들 위의 말풍선은 차 양쪽에 서있는 여성 운전자를 가리키고 있습니다. 여성들이 운전을 제멋대로 한다는 걸 은근히 비꼬는 것이지요. 그리고 광고 하단에는 다음과 같은 문구가 적혀 있습니다.

"맞아요. 우리는 여성들에게도 차를 빌려드려요. 아니, 환영합니다. 통계상 여성 운전자들의 대형사고율은 남성들의 4분의 1밖에 안 되니까요."

하지만 이런 문구에도 불구하고 광고가 여성들을 대놓고 조롱한다는 사실에는 변함이 없습니다.

언뜻 보면 광고의 메시지가 여성 운전자에 대한 세상 사람

여성들은 남성들보다 올바른 운전습관을 가지고 있으며 교통사고율도 낮습니다. 하지만 여성 운전자들은 경솔하고, 산만하고, 질서의식이 없으며, 멋대로 운전한다는 잘못된 통념이 널리 확산되어 있습니다. 남성들은 이를 통하여 "운전은 역시 남자들이야!"라는 우월의식을 확인하게 됩니다.

프랑스의 한 자동차 렌탈회사의 "그래요! 여성들에게도 차를 빌려드려요." 광고 시리즈.

들의 편견을 반박하고 있는 것 같지요. 그렇다 하더라도, 이 광고가 효과를 거두기 위해 통념을 이용하고 있으며 이 통념을 확산시키고 있다는 사실엔 변함이 없습니다. 허위사실에 더해서 여성에 대한 비하와 조롱까지 들어 있으니 더 심각한 것이죠.

널리 알려진 것처럼, 실제로 여성들은 남성들보다 올바른 운전습관을 가지고 있으며 교통사고율도 낮습니다. 보험회사들도 이런 통계를 활용해 보험료율을 매기죠. 하지만 앞서 본 것과 같은 광고들은 여성들이 경솔하고, 산만하고, 질서의식이 없으며, 제멋대로 운전한다는 잘못된 통념을 굳게 믿도록 만듭니다. 광고를 통해 사람들은 진실과 상관없이 세상에 널리 퍼진 여성에 대한 잘못된 인식을 확대하여 재생산하는 것이죠. 사람들은 그럼으로써 "운전은 역시 남자들이야."라는 우월의식을 확인하게 됩니다.

### 학자와 청소부

아직까지도 사람들은 금융이나 기술 분야가 남성들의 영역이라고 생각합니다. 그리고 여성들은 이 분야에서 선천적으로 능력이 떨어진다고 생각하죠. 반면 여성은 선천적으로 아이와 가정을 돌보고 집안 살림을 하는 데에 적합한 능력을 가졌다고 생각합니다.

여기서 저는 아카데미 프랑세즈* 최초로 여성회원이 탄생했을 때에 만화가 볼린스키*가 그렸던 풍자만화를 소개해볼까 합니다.

여러분들 중에 이름을 기억하는 분도 있겠지만, 아카데미 프랑세즈 최초의 여성회원은 마르그리트 유르스나르*라는 분입니다. 만화는 두 명의 원로 회원이 대화를 나누는 내용으

---

* **아카데미 프랑세즈**Académie Française는 프랑스에서 가장 권위 있는 학술기관입니다. 1635년 추기경 리슐리외가 창설하여 프랑스혁명으로 중단되었다가 1803년 부활되어 오늘에 이르렀습니다. 회원은 종신제를 기본으로 하며 결원이 생겼을 경우에는 보궐선거를 통해 인원을 뽑아 항상 40명의 정원을 유지합니다. 당대 일류의 문학자나 다른 분야의 문학적 소양이 뛰어난 대가들이 아카데미 회원으로 선출되어 '불멸의 지성'이라 불리는 명예를 누립니다.
* **조르주 볼린스키**George Wolinski(1934-2015)는 프랑스의 풍자 만화가입니다. 볼린스키는 2015년 이슬람 무장단체가 프랑스의 풍자 전문 주간지인 〈샤를리 에브도〉에 가한 총격 테러사건으로 사망하였습니다.
* **마르게리트 유르스나르**Marguerite Yourcenar(1903-1987)는 벨기에의 브뤼셀에서 태어났으며 프랑스어로 작품 활동을 한 작가이자 시인, 번역가입니다. 『알렉시스 또는 헛된 전투』, 『최후의 일격』, 『하드리아누스 황제의 회상』 등의 작품을 남겼습니다. 1980년 여성 최초로 아카데미프랑세즈의 회원이 되었습니다.

로 되어 있습니다. 알다시피 아카데미 프랑세즈에는 나이 많은 회원들이 많습니다. 만화에서 귀가 잘 들리지 않는 한 회원이 다른 회원의 귀에 대고 소리칩니다.

"우리 아카데미에 여자가 있군!"

"뭐라고?"

"우리 아카데미에 여자가 있다고!"

첫 번째 회원이 큰 소리로 다시 말하자 그가 혀를 차며 말합니다.

"쯧쯧, 안됐군! 청소를 하려면 회의가 끝날 때까지 기다려야 할 텐데…."

당시 대부분의 사람들과 마찬가지로 이 회원에게 아카데미 프랑세즈 회원 중에 여성이 있다는 것은 상상조차 할 수 없는 일이었죠. 그의 생각 속에서는 아카데미에 드나들 수 있는 여성이 청소부뿐이었던 겁니다.

**함께 토론해 봅시다!**

– 남자보다 여자에게 더 적합한 직업으로는 무엇이 있을까요?
– 만약 그런 직업이 있다면 이유는 뭐라고 생각하세요?

# 태어날 때부터 남성과 여성은
# 삶의 방향과 목표가 달라야 할까?

## ▦ 여자의 일생

여성들에 대한 무시와 편견이 사회에 얼마나 깊게 뿌리 박혀 있는지, 그것이 어떤 식으로 세대를 걸쳐 이어지는지, 다른 예를 하나 들어 보겠습니다.

아주 최근까지도 프랑스의 농가나 가난한 노동자들의 집 벽에는 19세기 말의 촌스러운 그림이 하나씩 붙어 있었습니다. 나이의 흐름에 따라 남녀의 인생 여정을 보여주는 이른바 '인생의 나이*Âge de la vie*'라 부르는 그림입니다. 어릴 때엔 저도 오베르뉴의 시골 집에서 이 그림을 자주 보았던 기억이 납니다. 집집마다 하나씩은 붙어있던 이 그림은 제 또래 아이들의 정신을 '정형화'하는 데에 이용되었습니다. 어른들에겐 남성이 모든 면에서 여성보다 우월하다는 생각을 내면화하는 문화적 수단으로 사용되곤 했죠.

이 컬러 그림은 다섯 계단의 피라미드로 표현되어 있습니다. 각 계단마다 10년 또는 20년의 인생 주기가 표현되어 있는데, 50살이면 꼭대기에 이르고 이후에는 다시 계단을 내려오는 식입니다. 남성용 그림에는 남성들의 인생이, 여성용 그림에는 여성들의 인생이 단계적으로 표현되어 있고 각 계단마다 설명문구들도 있습니다.

그림 속에서 거의 모든 남성들은 늠름하게 홀로 선 모습으로 그려집니다. 약혼녀를 동반한 20대와 30대를 제외하면 남성들은 늙은 뒤에도 누구에게도 의존하지 않고 지팡이만 짚은 채 혼자 서 있거나 뭔가를 읽고 있습니다. 30대 남성은 사냥에서 막 돌아온 듯 총을 들었는데, 사냥한 짐승들로 두둑한 가방을 메고 남자로서의 자부심을 한껏 뽐내고 있습니다. 그리고 그 옆에는 갓난아기를 안은 부인과 아들(딸이 아닌)이 아빠를 맞이합니다.

반면 여성을 표현한 *인생의 나이*는 10살 때 라켓으로 공놀이하는 모습과 거동이 불편한 90살에 의자에 앉아있는 걸 빼곤 홀로 서 있는 경우가 없습니다. 그림은 "여자는 늘 누군가와 함께 있어야 한다"고 이야기하는 듯합니다. 20살의 그녀 앞에서 늠름한 기사처럼 무릎을 꿇은 약혼자가 사랑을 고백합니다. 여자가 여신처럼 대접받을 수 있는 유일한 시기이죠. 다음

여자의 〈인생의 나이〉

과거의 전통적 사고 속에서 여성은
스스로의 힘으로는 행복을 얻을 수 없는
의존적인 존재로 그려지곤 했습니다.

단계인 30대에는 남편과 아이들이 늘 함께하며, 50대부터는 자신이 보살피거나 보살핌을 받아야 하는 손주들을 향해 손을 내밀고 있습니다. 60대부터는 자손들이 그녀를 보살펴야 합니다. 그런데 그녀를 보살피는 이들은 아들, 손자, 증손자 해서 하나같이 남자들 뿐입니다.

여자들을 위한 '인생의 나이'에 덧붙여진 설명을 한번 볼까요? "10살, 순진한 소녀.", "20살, 달콤하고 행복한 날들. 그녀의 순수한 마음이 사랑을 받아들이다." 그러니까 여자는 순결하고 순수해야 하는 존재인 것입니다. "30세, 모성을 통해 행복을 얻다." 여기서 알 수 있듯이 여성은 부부의 사랑으로밖에는 행복을 얻지 못합니다. 예를 들어 독서나 직장생활 등을 통해서는 행복을 얻을 수 없는 것이지요. "40세, 성장한 아이들을 보며 젊은 날을 추억하다." 40세가 된 그녀는 벌써 늙어, 추억 속에서 살아가고 있습니다. "50세, 멈추다. 그녀가 손자들을 반기다." 어릴 적, 제가 가장 이해하기 힘든 부분이 바로 이 "멈추다."의 의미였습니다. 대체 무엇을 멈춘다는 걸까요? 여러분도 잘 모르시겠죠? 사실은 '생산'을 멈춘다는 이야기입니다. 폐경이 되어 더 이상 아이를 생산할 수 없으므로 여성은 이제 가치가 없어졌다는 얘기지요. 그러니 세상의 시각에서 그녀는 존재하길 멈춘 것이나 다름없습니다. "60세, 서서히 무덤을 향해 내려갈 때." 매정하게 말하자면, 이 나이의 여성은 더 이상 쓸모가 없어졌습니다. "70세, 손자들을 보며 미소를 짓다." "80세, 이제 쇠약해져 손자들의 부축을 받다." "90세, 두려운 마음으로 인생의 마지막 여정을 준비하다." 저는 이 "두려운 마음으로"라는 표현이 가장 거슬립니다. 남자와 달리 여성은 죽음을 두려워하는 존재입니다. 그리고 "100세에 이르러 신에게 기도하고 간청한다."라는 말로 여자의 인생에 대한 설명은 끝을 맺습니다.

### 📖 남자의 일생

이번엔 남성들의 '인생의 나이'에 붙여진 설명들을 한번 볼까요?

"10살, 거칠 것 없고 활기찬 나이. 오직 유희만을 생각하다." "20살, 행복을 꾀하며 마음에 드는 짝을 찾다." 그는 행복을 찾고 있습니다. 사랑이 아니라 자신을 위한 인생의 쾌락을 찾는 것이죠. 사랑을 찾아야 하는 것은 젊은 여성들입니다. "30세, 아내와 아이들을 통해 승리의 도취감을 맛보다."
제게는 이것이 자신의 소유물을 보며 자랑스럽고 흐뭇해하는
것으로밖에 보이지 않습니다. 앞서 40세의 여성은 성장한 아
이들을 보며 젊은 날들을 추억한다고 했습니다. 반면 남자는
"성공에 자랑스러워하고 만족해한다."라고 되어있습니다. 그렇
다면 여성이 '멈춘다'고 표현했던 50세엔 어떨까요? 그림에서
50세의 남성에 대해서는 '무르익은 나이'임을 강조하며, "자
신의 과거와 미래를 성찰하다."라고 쓰여있습니다. 50세가 되
어도 남성은 멈추는 대신 여전히 앞으로 나아가고 있습니다.
"60세, 인생의 내리막이 시작되다." 이제 나이를 무시할 수만
은 없습니다. 70세가 되면 남자는 손자가 아닌 지팡이에 의
지합니다. 그리고 "한가로이 지방을 여행하다."라고 쓰여 있습
니다. 세상을 발견하기 위해 남자는 다시 여행을 떠납니다. 일
을 할 수 없는 나이에도 그는 여전히 호기심에 차 있고 활동
적입니다. "80세, 이제 백발이 되어 세월의 무게를 실감하다."
"90세, 육신이 쇠잔하여 무너질 듯하다." 그리고 100세를 넘
겼을 때는… "평온함"을 되찾고, "신이여, 저를 불쌍히 여기소
서."라고 말합니다.

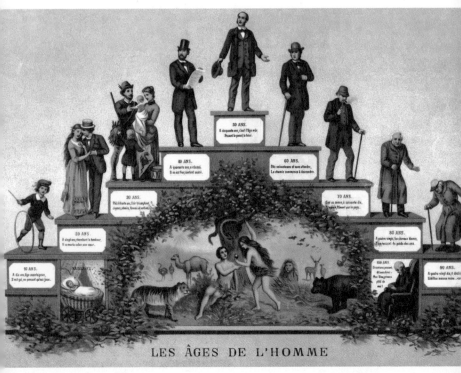

LES ÂGES DE L'HOMME

남자의 〈인생의 나이〉

여성들이 이미 기력을 잃을 나이에도 남자들은 성공
의 기쁨에 취해 있으며 마음의 평온까지 찾았습니
다. 같은 노년이지만 인생을 바라보는 정신과 마음의
상태는 사뭇 다릅니다.

죽음 앞에서 여성은 두려워하지만 남성은 당당하고 의연합니다.

그럼 남녀에 쓰인 표현들을 전체적으로 다시 살펴볼까요? 남성들은 명랑하고, 늠름하고, 당당하고, 즐거우며, 자신감에 차 있고, 성공했으며, 과거와 미래를 가늠할 줄 알고, 세상을 유람하며 식견을 넓히기도 합니다. 반면 여성은 늘 자손들에 매여 과거 속에 살아가고, 순진하고 상냥해야 하며, 모성을 통해서만 행복을 찾을 수 있습니다. 그리고 나이가 들면 곧 무기력해져서 의지할 곳이 없고 의기소침해지죠.

그림은 두 젠더의 서로 다른 초상들을 보여주고 있어요. 즉 두 가지의 다른 운명을 알기 쉽게 보여주며 어떤 삶이 더 바람직한지를 끊임없이 환기시켜주고 있죠. 제가 8살 무렵 오베르뉴에 있는 작은할머니 댁의 농장에서 이 그림을 보았을 때 마음이 편치 않았던 것도 이 때문일 겁니다. 세상에서 여자로 프로그램화 되어야 하는 운명을 아직 이해하지 못할 나이였는데도 말입니다. 물론 그 시절에 비하면 여러분은 훨씬 좋은 시대를 살고 있어요. 여성들도 교육을 받을 수 있고, 직업을 가질 수 있으며, 육아나 가사뿐 아니라 일을 통해서도

여성은 늘 자손들에 매여 과거 속에 살아가고,
순진하고 상냥해야 하며,
모성을 통해서만 행복을 찾을 수 있습니다.
그리고 나이가 들면 곧 무기력해져서
의지할 곳이 없고 의기소침해지죠.

베르메르, 〈버지널 앞에 앉아 있는 여인〉 1672

자아를 성취할 수 있는 세상에 살고 있으니까요.

함께 토론해 봅시다!

- 가정에서 남자와 여자의 역할 분담 중에서 바꿔서 할 수 있는 것으로는 무엇이 있을
  까요?
- 과거에는 남자와 여자가 즐길 수 있는 취미생활이 달랐지만 지금은 함께 즐길 수 있
  는 것이 많아졌습니다. 그런 것으로는 무엇이 있을까요? 왜 그렇게 바뀐 것일까요?
- 남자 또는 여자에게 특화된 직업 중 오늘날엔 바뀐 것들이 많습니다. 어떤 것들이 있
  을까요? 그렇게 된 이유는 무엇일까요?
- 다음의 남녀 특성을 표현하는 단어들에 덧붙여 생각나는 단어들을 추가해 보세요.
  그리고 이 단어들이 남자와 여자에 반대로 적용되었을 때 어떤 모습으로 그려질지 상
  상하고 토론해 봅시다.
  - 남자 : 활달하다, 늠름하다, 자신감….
  - 여자 : 얌전하다, 상냥하다, 모성애….

# 왜 같은 일을 하고도
# 다른 대우를 받을까?

## ▦ 기회의 차이

그런데 남녀의 차이에 대한 이런 생각들은 이미 선사시대(구석기시대) 인류의 선조 때부터 굳은 믿음으로 끈질기게 이어져 내려왔습니다. 이런 생각들이 여러 세대를 거치며 지금까지 우리의 생각과 행동, 태도 속에 반영되고 있는 것이죠. 선진화되었다는 유럽에서조차, 교육이나 직업의 기회는 딸보다 아들에게 우선시되어야 한다는 생각이 지배적입니다.

예를 들어 볼까요? 통계를 보면, 유럽 내 산업연구시설에서 일하는 여성 연구원의 비율은 전체의 15%밖에 되지 않습니다. 이 분야 여성들의 능력이 남성들에 비해 떨어져서가 아닙니다. 프랑스만 해도 같은 분야에서 박사학위를 받은 여성의 비율이 55%나 되고, 과학, 정보, 수학 분야에서도 42%에 이르니까요. 학위취득이나 경쟁력에서 여성의 비중이 이렇게 큰데도 취업률은 15%밖에 안 되는 현실은 분명 채용에서 차별이 이루어지고 있다는 증거입니다.

르누아르 〈독서하는 여인〉, 1876

　차별은 여기에 그치지 않고 취업 후의 급여로까지 이어지죠. 유럽의 사기업과 공기업들을 통틀어 같은 노동과 같은 능력에도 불구하고 여성들의 급여는 남성들에 비해 25%가 적습니다. 남녀의 승진 비율에서도 직장에서의 성차별은 또렷이 나타나죠.

이런 현상을 흔히 '유리천장*'이라고 부릅니다. 쉽게 눈에 드러나지는 않지만 분명히 존재하는 차별을 빗대어 표현한 말입니다. 보이지 않는 유리천장 때문에 여성들이 남성들보다 높은 지위를 얻거나 나아가 리더의 자리에 오르는 일은 힘들 수밖에 없어요. 대학사회에서도 여성들의 지위가 높아지기는 매우 어려워서 잘해야 조교수에 그치는 경우가 대부분이죠.

학위가 없는 여성들의 경우엔 사정이 더 안 좋습니다. 정규직에 채용되기는 힘들고 실업의 위협에 노출될 확률도 훨씬 높죠. 고등교육을 받지 못한 여성은 어쩔 수 없이 시간제 노동에 종사해야 하는데, 그것도 제일 힘든 시간대에 근무가 배정되는 경우가 많습니다.

예를 들어 청소용역회사에서 일하는 여성들은 보통 아침 6시에서 8시까지, 다시 저녁 5시에서 8시까지 일을 해야만 해

**유리천장Glass Ceilling** 남성에 못지않은 능력과 자격을 갖추었음에도 사회생활에서 여성들의 출세나 승진이 가로막히는 상황을 표현한 말입니다. '눈에 보이지는 않지만 결코 깨뜨릴 수 없는 장벽'이라는 의미로 유리천장이라고 이름을 붙였습니다. 지금은 직장에서의 보이지 않는 여성차별뿐 아니라 소수민족, 이민자 등에 대한 차별적 상황에까지 이 용어를 확대하여 사용하고 있습니다.

요. 집이 멀어서 다녀올 수 없는 경우에는 시간을 때우기 난감한 경우가 많습니다. 계약기간도 한시적일 뿐더러 고용계약 자체가 없는 경우도 많아서 늘 해고의 위협에 시달리게 됩니다. 이런 여성들은 대부분 기피직종(건물 관리, 계산대 직원, 보조직 등)에 종사하기 때문에 실업률도 남성들보다 훨씬 높아요.

이와 같은 현실은 유럽이나 프랑스에만 해당되지 않습니다. 미국이나 중국을 비롯하여 부유하거나 정치적 힘이 막강한 나라에서도 똑같은 상황이 벌어지고 있어요.


### 복종

직업에서의 차별만 문제가 되는 것이 아닙니다. 교육에서의 차별 또한 주목해서 봐야 합니다. 세계의 문맹인구가 8억7천5백만 명에 이르는데, 그 중의 3분의 2가 여성입니다. 그것도 초등학교 입학을 문맹과 비문맹의 기준으로 잡는 아프리카의 나라들 때문에 실제 수치보다 적게 잡힌 것입니다. 니제르나 말리(프랑스어를 사용하는 나라를 예로 들었을 뿐 아프리카의 다른 나라들도 마찬가지입니다.) 등의 아프리카 국가들에서는 여자아이들이 초등학교에 들어가 한두 해만 학교에 다니다가 아홉 살쯤 되면 부모의 손에 이끌려 집으로 되돌아오는 경우가 많습니다. 교육 기간이 이렇게 짧으면 배웠던 글을 금세 잊어먹고 다시 문맹자로 되돌아가는 것이 보통이죠.

부모들은 여자아이들이 교육을 받으면 복종심을 잃게 된다면서 딸들을 빨리 시집보내려고 합니다. 이슬람 율법에 따르면 소녀들은 아홉 살만 되면 결혼할 수 있습니다. 부모들이 서둘러 학교를 그만두게 하는 것은 비판적인 사고를 열어주는 여성 교육의 힘을 잘 알기 때문입니다. 통계수치만 보면 꽤 많은 소녀들이 교육을 받는 것처럼 보이지만, 이런 현실을 감안하면 2년 안에 초등학교를 그만두는 아이들의 수는 포함하지 않는 것이 맞습니다.

### ▦ 정치 참여

정치 분야나 가정에서도 남녀 간에 여전히 큰 차별이 존재하는 것을 볼 수 있습니다. 프랑스의 경우, 제2차 세계대전 직후인 1944년이 되어서야 처음으로 여성들에게 투표권이 주어졌습니다. 세계적으로 여성 국회의원의 비율은 13%밖에 되지 않습니다. 여성 의원 비율이 가장 높다는 스웨덴도 32%

케테 콜비츠 〈빵을 달라!〉, 1924

함께 토론해 봅시다!

- 우리나라 국회나 지방자치 의회에서 여성 의원 비율은 얼마나 되는지 조사해 봅시다.
- 우리나라도 여성들의 정치참여를 위해 많은 제도들을 시행하고 있습니다. 국회나 지방자치의회에서 여성 의원의 비율을 높이기 위한 제도에는 어떤 것이 있는지 조사해 봅시다.
- 여성들의 정치참여와 정치세력화를 위해 어떤 새로운 방안이 있을지 아이디어를 내 봅시다.

정도이지요.

프랑스에서는 여성의 정계 진출을 적극적으로 돕기 위해 선거인 명부에 남녀 비율을 2인 1조로 올리는 남녀동수법* 을 시행하고 있습니다. 하지만 하원과 상원, 지방자치 의원 등의 선출방식이 모두 달라서 별 효과를 보지 못하고 있습니다. 정당들은 여성들에게 선출의 기회를 주기보다는 차라리 벌금을 내는 편이 더 낫다고 생각하죠. 그래서 상원의원 선거 때마다 새로운 정당들이 창당하는 사태가 벌어지곤 합니다. 그래야 남성이 두 개의 의원직을 모두 차지할 수 있으니까요. 같은 당에서 동일 선거인 명부에 이름을 올리면 두 명의 남자 후보들 사이에 한 명의 여성 후보를 끼워 넣어야 하는데, 이렇게 되면 세 번째에 이름을 올리는 남성 후보가 탈락하는 일이 벌어지기 때문입니다. 그래서 각 정당들은 선거 때만 되

**남녀동수법** 프랑스에서는 2000년부터 각 정당이 선거 후보로 내세울 추천인 명부를 남녀 같은 수로 하도록 하였습니다. 현재 하원의원 선거, 선거구 내 5명 이상을 뽑는 상원의원, 지역의회, 시의회, 유럽의회 선거에서는 정당들이 남녀를 같은 수로 공천하여야 하며 이를 지키지 않을 경우 당에 대한 국고지원을 삭감하도록 강제하고 있습니다. 또한 2012년 당선된 올랑드 프랑스 대통령은 남녀 각각 17명씩의 장관을 임명하여 동수내각을 구성하기도 하였습니다.

면 새로운 당을 만들어 갈라서곤 합니다. 정치에서 남성 독점을 막는 일은 이토록 어렵습니다.

## ▨ 육아 의무

남녀 간에 가장 많은 차별이 발생하는 곳은 뭐니 뭐니 해도 가정입니다. 프랑스국립과학연구원(CNRS)이나 프랑스생활 실태조사연구소(CREDOC) 등 여러 기관들의 조사에 따르면 여성들은 남성들보다 집안일을 80% 더 많이 하고, 육아에 두 배 더 많은 시간을 투자한다고 합니다. 이에 견주어 아빠들은 축구, 영화 관람, 목공 일, 산책 같은 개인적인 여가에 더 많은 시간을 투자하죠. 아이가 둘, 셋으로 늘어나면서 아빠들은 집안일에 점점 더 무관심해지고 집안일은 전적으로 여자들의 책임이 됩니다.

흔히 생각하듯, 여성 스스로 선택한 가족을 위한 희생본능 때문이 아니라 의무에 의해 그렇게 되는 것입니다. 아기들에게 엄마 젖이 필요하다는 사실 때문에 육아의 모든 것이 여성들의 몫이 되고, 이렇게 강제로 떠맡겨진 일이 당연한 의무가 되어버린 것입니다.

하지만 모든 사회들은 이런 업무 분담을 당연한 것으로 받아들입니다. 사실 육아는 엄마들이 혼자서 떠맡기엔 너무 벅찬 일이고 시각만 조금 바꾸면 얼마든지 분담이 가능합니다. 더 심각한 일은 집안일이 남자들이 하는 일에 비해 가치 없는 것으로 무시당하기까지 한다는 것이죠.

여성으로 태어났기에, 엄마로서의 의무라서, 그렇게 배웠기에, 당연한 듯 여성이 가사를 떠맡게 되었을 뿐인데 그것이 여성이 남성보다 열등하다는 근거처럼 되어버린 것입니다. 여성에 대한 편견과 무시, 남성우월주의는 남성의 시각에 의해 사고방식으로 굳어져 문화 규범의 형태로 나타났을 뿐이지 여성의 위치가 본래부터 그렇게 정해져 있기 때문은 아닙니다.

함께 토론해 봅시다!
- 세계적으로 여자들의 문맹률이 더 높은 이유는 무엇이라고 생각하나요?
- 여자들의 높은 문맹률을 극복하기 위한 방법으로 무엇이 있을까요? 아이디어를 내봅시다.
- 아이를 기를 때 엄마보다는 아빠가 더 잘 할 수 있는 일들도 있을 것 같습니다. 어떤 것이 있을지 함께 생각해 봅시다.

아기들에게 엄마의 젖이 필요하다는 사실 때문에
육아의 모든 것은 여성들의 몫이 되었고
사회도 이를 당연한 것으로 여기게 되었습니다.
하지만 이러한 문화규범은 오랫동안 습관화되어
굳어진 것일 뿐 육아를 여성들이 떠맡아야
한다는 법칙이 있는 것은 아닙니다.

# 같지 않을 뿐
# 열등한 것이 아니다!

## ▨ 폭력

여성들에게 가해지는 부당한 폭력을 이 자리에서 일일이 열거하고 싶지는 않습니다. 다만 프랑스에서만 사흘에 한 명 꼴로 여성이 자기 배우자에게 살해당하고 있다는 사실은 알아두시기 바랍니다. 파키스탄에서는 매일 6명 꼴로 여성들이 남편이나 아버지 또는 남자 형제들에게 살해당합니다. 하지만 가해 남성들은 '정상참작'을 이유로 처벌조차 받지 않죠. 간통이 의심된다거나(의심만으로도 충분히 살해 이유가 된다고 생각하는 모양입니다.) 지참금을 가져오지 않는다거나 계속 딸만 낳는다거나 기타 등등, 여자들이 죽임을 당할 이유는 너무나 많습니다.

여러분도 강간이 무언지는 알고 있죠? 전쟁이 있는 곳에서는 강간이 무력수단의 하나로 사용되곤 했습니다. 다시 말해 강간은 여성들의 소유권을 지닌 상대 남성들을 모욕하는 행위로 사용되었지요. 반면 평화 시에 강간은 남성이 여성에 대한 지배권을 행사하는 주요한 수단의 하나로 사용되었습니다.

왜 이런 일들이 벌어지게 됐을까요? 그보다 앞서 우리는 '다름'이 곧 '차등'을 의미하지는 않는다는 사실을 명심할 필요가 있습니다. '다르다'의 반대말은 '비슷하다' 또는 '같다'입니다. 반면 '차등'의 반대말은 '같음'이 아니라 '평등'입니다. 그런데 우리는 다름 속에서 차별의 명분을 찾아내려 하면서 무의식적으로 잘못된 개념 사용에 빠져들곤 하죠. '다름'에는 본래 '차별'이란 뜻이 내포되어 있지 않은데 이렇게 말의 의미를 바꿔버린 것입니다.

## ▨ 생물학적 차이

성의 차이라는 문제로 들어가면 이런 현상은 더 또렷해집니다. 물론 남녀 간에 생물학적인 차이는 분명히 있습니다. 남자는 음경을 가지고 태어나고 여자는 질을 가지고 태어나죠. 남자는 정액을 배출하고 여자는 젖을 배출합니다. 두 성 모두 '배출'이라는 벗어날 수 없는 운명을 가지고 태어납니다. 소녀들은 수정되지 않았음을 알리는 표지로 생리를 통해 난자를 주기적으로 배출합니다. 소년들은 성관계와 생식이 가능한 나이가 되었음을 알리기 위해 몽정을 합니다. 두 가지 모두 육체적으로 번식 가능한 나이에 이르렀음을 알리는 신호일 뿐이지요. 따라서 생리를 한다는 이유로 여성들을 배척하는 어떠한 신념이나 종교적 원칙도 정당화될 수 없는 겁니다. 만일 그런 규범이 있다면 남성들도 비슷한 이유로 배척당해야 마땅하겠죠. 하지만 지금까지 인류에게 그런 일은 한번도 일어나지 않았습니다.

이런 신체적 차이는 쉽게 눈에 드러나지만 잘 드러나지 않는 것도 있습니다. 가령 젊은 남성들은 몸에서 공격성향을 드러내는 테스토스테론이라는 호르몬을 많이 분비합니다. 그렇지만 테스토스테론이 많이 분비된다고 해서 폭력이 정당화될 수는 없습니다. 대부분의 남자들은 공격성을 억제하는 능력도 함께 가지고 태어나고 여자들도 스트레스를 받으면 남성들처럼 많은 테스토스테론을 분비하기 때문입니다. 호르몬 때문에 폭력성이 정당화될 수 없는 것처럼, 공격성이 온순함보다 우월하다는 생각도 옳지 않은 것이죠. 어떻게 이런 일반화가 정당한 것으로 받아들여질 수 있겠습니까?

이런 생각은 당연한 듯 받아들여지기도 하지만, 한편으론

교육을 통해 강화되는 면도 있습니다.

여자아이들과 달리 사내아이들은 싸우고 경쟁하고 동성 친구들과 힘을 겨루도록 부추겨집니다.

사내아이들이 싸움을 벌이는 식당에서 딸을 데리고 나오던 엄마가 엘리베이터 안에서 하던 말이 기억납니다. "너, 저 사내 아이들과 어울리는 건 아니겠지?" 딸이 대답합니다. "아냐, 엄마. 난 인형하고만 놀아." 엄마는 다시 한 번 다짐합니다. "잘했어. 여자는 싸우는 게 아니야. 그건 사내 녀석들이나 하는 짓이야."

이런 게 바로 제가 늘 강조하는 '정형화'이고 '주입'입니다.

## 좋은 특성, 나쁜 특성

호르몬은 남녀 외양의 차이를 도드라지게 하는 데에 중요한 작용을 합니다. 남자들은 몸에 털이 많고 턱수염과 콧수염도 자랍니다. 또한 여자보다 목소리도 굵지요. 반면 여자들은 몸에 털이 적고 목소리도 훨씬 가늡니다. 그러나 이런 차이도 절대적인 것은 아닙니다. 목소리가 가는 남자가 있는 반면 남자처럼 굵은 목소리를 지닌 여자들도 있지요. 단지 개인의 차

에드바르 뭉크 〈사춘기〉 1895

소녀들은 수정되지 않았음을 알리
는 표시로 생리를 통해 난자를 배
출하고, 소년들은 성관계와 생식이
가능한 나이가 되었음을 알리기 위
해 몽정을 합니다. 둘 다 육체적으
로 번식 가능한 나이임을 알리는
신호일 뿐입니다.

이가 있을 뿐, 흔히 말하는 남녀의 평균적인 차이는 그리 중요하지 않습니다.

일반적으로 여성들은 남성들보다 부드러운 목소리를 내고 골반이 큽니다. 여성의 엉덩이가 큰 이유는 임신과 출산에 유리하도록 진화했기 때문입니다. 하지만 이런 차이가 필연적으로 서열관계를 만들어내지는 않습니다. 인간이 그것을 구분하고 주관적으로 해석함으로써 불평등을 이끌어냈을 뿐이죠.

어떤 선험적인 가치판단이 부드러운 것보다 거친 것을, 매끈한 피부보다 털로 뒤덮인 피부를, 부드러운 것보다 거친 것을, 소극적인 것보다 적극적인 것을 우월하다고 말할 수 있을까요? 어떤 근거로요?

우리는 남성들에게는 거칠고 털이 많고 과격하고 적극적이라는 특성을, 여성들에게는 섬세하고 털이 적으며 온화하고 소극적이라는 특성을 부여합니다. 하지만 이 단어들의 일반적인 뜻을 가지고 한 성에 대한 다른 성의 우월함을 이끌어낼 수는 없습니다. 다만 한쪽을 여성적, 다른 한쪽을 남성적이라고 여기는 문화적 관습이 이런 결론을 이끌어낼 뿐입니다.

오래 전부터 우리 인류에게 남녀의 능력 차이에 대한 인식이나 남아선호, 성 역할분담, 남녀의 우열관계 등에 대한 보편적인 믿음이 존재해 왔던 것은 사실입니다. 하지만 그와 반대되는 사례들도 심심치 않게 발견할 수 있습니다. 예를 들어 유럽에서는 남성들을 매우 활동적인 존재로 보았지요. 남성들은 자신들이 발명한 기술들로 세상을 지배할 수 있다고 믿으며 이런 활동성을 긍정적인 특성으로 봅니다. 하지만 인도나 중국에 가 보면 생각이 다르다는 걸 알 수 있습니다. 그곳에서는 남성들을 순응적인 존재로 보죠. 이 문화권에서는 인간이 외부 세계를 지배하는 것을 바람직하다고 생각하지 않습니다. 대신 욕망을 다스리고 스스로를 조절하는 일을 중요하게 여기지요. 그래서 그들은 세상의 이치에 순종할 줄 아는 남성들만이 자기 욕망 또한 다스릴 수 있다고 생각합니다.

이 문화권에서는 활동성이 여성들의 특성입니다. 그러나 이런 특성을 무의미하고 무가치하며 경박하다고 생각하여 무시해 버리지요. 이런 관념들은 단어의 순수한 뜻과는 무관합니다. 다만 이런 단어를 가지고 남녀 성에 대한 호불호를 표현하려는 것이지요.

## ▦ 젠더의 형성

우리 인간은 쌍으로 이루어진 개념을 통하여 이항대립적 사고*를 합니다. 이런 식으로 사고하지 않고는 생각도 표현도 불가능하죠. 이 원칙에 따라 어떤 것은 남성적인 것으로, 다른 것은 여성적인 것으로 분류하고 여기서 남성적인 것이 여성적인 것보다 우월하다는 관념이 형성됩니다. 따라서 이런 정신구조는 문화적인 것이지 필연적인 것이 아니며, 얼마든지 바뀔 수 있는 것이지요.

젠더 또한 이렇게 형성된 것입니다. 실제로 인간은 먹거리, 안전, 사랑, 행복, 만족 등의 문제에서 아이, 어른, 남자, 여자를 구분할 것 없이 똑같은 욕구를 가집니다. 우리는 모두 똑같이 생산하고, 소비하고, 휴식하고, 타인에 의존하며 살아갑니다. 공포, 분노, 즐거움, 후회, 질투, 자비심, 수치심 등 인간이 느끼는 감정은 남자와 여자가 똑같습니다. 비록 표현은 다

---

* **이항대립적 사고** 인류학자 레비스트로스를 비롯한 구조주의 학자들은 인간이 두 개의 대립하는 개념을 사용하게 됨으로써 비로소 세계를 인식할 수 있게 되었다고 말합니다. 더 나아가 이 책의 지은이는 원시 인류가 수컷과 암컷, 남성과 여성을 구분하게 된 것이 세계를 인식하는 출발점이 되었으며 이를 기초로 하여 개념과 사고를 발전시켜 나갔다고 봅니다.

안나 앙케 〈백신주사〉 1889

우리는 사랑, 행복, 만족 등의 문제에서 아이, 어른, 남자, 여자 할 것 없이 똑같은 욕구를 가집니다. 공포, 분노, 즐거움, 후회, 질투, 자비심, 수치심 등에서도 남녀가 느끼는 감정들은 똑같습니다. 다만 그것을 표현하는 방법이 사회적으로 다르게 규정되어 있을 뿐이고 그것은 생물학적 규칙이 아닌 젠더적 규범입니다.

르게 하도록 규정되어 있지만 (남자는 슬퍼도 울어서는 안 되고, 여자는 너무 크게 웃어서는 안 된다는 식으로) 말입니다.

더 중요한 것은 남자나 여자나 두뇌의 능력은 같다는 사실입니다. 남녀의 뇌는 완전히 같은 방식으로 작동하지요.

태어날 때부터 인간의 뇌가 완성되어 나오지는 않는다는 사실이 최근에 밝혀졌습니다. 전에는 신경세포와 뇌기능이 완전히 갖추어진 채로 아기들이 태어난다고 생각했지요. 또한 나이가 들면 신경세포들이 점차 줄어들고, 한번 잃어버린 신경세포는 다시 재생되지 않는다고 믿었습니다. 하지만 최근 들어, 신경세포가 일생에 걸쳐 꾸준히 생성되며 다만 아기 때에 집중적으로 형성된다는 사실이 밝혀졌습니다.

특히 인간은 신경세포들 사이를 이어주는 '수상돌기'와 '시냅스'라고 부르는 연결물질들을 쉴 새 없이 만들어냅니다. 어떻게 보면 우리의 뇌는 쌍방향으로 연결된 무수한 신경세포들의 집합체라고 할 수 있습니다. 그 덕에 인간은 상상을 초월하는 속도로 신호를 주고받을 수 있지요. 개인마다 정도의 차이는 있겠지만, 인간은 보고 듣는 것만으로도 즉시 새로운 시냅스 연결들을 만들어냅니다.

그러니까 뇌가 완전히 형성되고 난 뒤에 세상에 태어난다는 말은 사실과 다릅니다. 사고로 뇌를 다쳐도 심각한 손상만 아니면 회복이 가능한 것도 이 때문입니다. 때로 망가지거나 약해진 부분을 다른 시냅스가 대체하기도 합니다. 어릴 때부터 머리를 많이 써야 뇌가 발달한다고 말하는 것도 이런 이유에서죠.

하지만 동물실험을 통해 밝혀진 바로는, 지능 중에는 태어나면서 바로 형성되고 나중에는 회복하기 힘든 것도 있다고 합니다.

40여 년 전 헤캔Hecaen 교수는 고양이들이 미리 알았다면 깜짝 놀라 도망쳤을 실험을 하나 했습니다. 고양이는 태어나 눈을 뜰 때까지 며칠 동안 앞을 잘 보지 못합니다. 연구 팀이 아직 눈 뜨기 전의 새끼 고양이 눈 주위에 검은색 세로 줄이 쳐진 깔때기 모양의 기구를 대 주었습니다. 그리고 약 열흘이 지난 뒤에 그것을 떼어주었습니다. 그런데 이 고양이는 수직으로 뻗은 나무가 보이는 숲 쪽으로는 잘 걸어갔지만 계단에서는 자꾸 넘어지곤 했습니다. 수직으로 선 나무는 볼 수 있는데 수평으로 된 계단은 볼 수 없었던 겁니다. 고양이의 뇌에 가로로 된 계단을 볼 수 있는 시냅스 전달물질이 아직 만들어지지 못했던 겁니다.

사람에게도 같은 결과가 나타날 것이라고는 단정지을 수 없지만, 이 실험은 학습이 어린아이들의 시냅스를 발달시킴으로써 상황파악과 판단능력 그리고 체계적인 지식을 길러준다는 사실을 말해줍니다.

시냅스 연결 물질 중에는 학습에 매우 민감하게 반응하는 것도 있지요. 이런 경우, 어려서부터 지속적으로 반응토록 해주지 않으면 나중에는 따라잡기 힘듭니다. 6살보다는 50살 무렵에 외국어를 배우기가 더 어렵다는 사실은 모두들 알고 계시죠? 아예 불가능한 것은 아니지만 훨씬 힘이 든 건 사실입니다.

## 직감

프랑스만 해도 19세기 말까지는 일반인 여성들이 거의 교육 받을 기회가 없었습니다. 귀족 계층 또는 부유한 집안 여성들이나 겨우 교육의 문턱을 넘어설 수 있었지요. 이런 사회에서는 교육 대신 이른바 '여자의 직감'이라는 특성을 여성들에게 부여해 주었습니다.

여러분들은 잘 모르시겠지만, 옛날에는 아이든 어른이든 남성들보다는 여성들이 직감이 발달했다고 믿었어요. 이게 무슨 소리일까요? 한마디로 여자들은 이성적으로 판단하고 깊이 통찰하는 능력이 떨어진다는 얘기입니다. 대신 여자들만의 장점이자 특기인 눈치, 즉 직관을 통해 분위기를 감지하고 깊이 사고하지 않고도 상황을 파악한다는 거지요.

옛날 사람들은 이렇게 여성들의 뇌가 필요한 순간에만 반짝 빛을 발한다고 보았어요. 그래서 여성들은 새색시의 걸음걸이만 보고도 임신 2개월째라는 걸 알아맞힐 수 있다는 것입니다. 사람들은 이것을 여자들만의 직감이라고 표현했습니다. 하지만 이런 능력은 직감이나 투시력과는 관계가 없습니다. 여자들도 남자들과 마찬가지로 스스로 알게 된 정보들을 분

---

\* **직감** 일어나는 일에 대해서 설명이나 증거에 의하지 않고 느낌을 통해 아는 것.

\* **유레카**는 그리스어로 "알았다!", "그래 그거야!" 등의 뜻을 가지고 있습니다. 고대 그리스의 수학자 아르키메데스는 목욕을 하던 중 흘러넘치는 물을 보고 '부력의 원리'를 깨닫습니다. 그리고 "유레카!"라고 소리치며 목욕탕에서 뛰쳐나갔다고 합니다. 이처럼 유레카는 갑작스런 발견이나 깨달음의 순간을 상징하는 용어로 쓰입니다.

석하고 그 관계를 파악해 결론을 이끌어내죠. 소위 '무지한' 여자들이 '여자들만의 직감'을 발휘하는 과정은 오히려 아인슈타인이 '사고의 도약'이라 불렀고, 흔히 '유레카'!*라는 단어로 표현되는, 과학적 발견과 흡사합니다. 무슨 뜻이냐고요? 우리 뇌는 습득하고 쌓아올린 정보들을 바탕으로 늘 계획을 가지고 사고하며 자신도 모르게 는 뭔가를 생각합니다. 문제에 대한 해답이 갑자기 떠올라 "유레카!"라고 외치는 것도 사실은 이런 과정을 거쳐서 이루어지는 것입니다.

이렇게 과학적 발견은 여자의 직감이라고 부르는 것과 동일한 과정을 거쳐 이루어집니다. 직감을 발휘하거나 문제의 답을 발견하고 '유레카'라고 외치려면 사전에 많은 지식들이 축적돼 있어야 한다는 얘기지요.

**함께 토론해 봅시다!**

– 같은 감정에 대해서 남자와 여자가 반응하는 방식은 다릅니다. '놀랐을 때', '화가 났을 때', '슬플 때', '기쁠 때', '행복할 때' 남녀가 반응하는 방식이 어떻게 다른지 구체적으로 서술해 봅시다.
– 감정에 반응하는 남녀의 다른 행동들이 본능에 따른 것인지 아니면 관습에 의한 것인지에 대해서도 토론해 봅시다.

# 여자는 왜 싸우면 안 되고
# 남자는 왜 울면 안 될까?

▦ 생각의 이분법

'정형화'는 어떻게 일어날까요? 정말 그런 것이 존재하긴 할까요?

미국의 대학생들을 대상으로 한 심리학 실험을 통해 해답을 찾아보았습니다. 남녀가 반반씩 섞인 두 그룹으로 나누어 실험을 해 보았습니다. 양쪽 그룹의 학생들에게 태어난 지 일주일 된 아기가 세상 슬픔을 다 짊어진 듯 악을 쓰며 우는 사진을 보여 주었습니다. 똑같은 사진을 보여주면서 한 그룹에게는 "이 남자 아기가 왜 울고 있을까요?"라는 질문을, 다른 그룹에게는 "이 여자 아기가 왜 울고 있을까요?"라는 질문을 던졌습니다. 학생들의 대답에서 그들이 일주일밖에 안 된 젖먹이에게조차 성별에 따른 구분, 즉 우리가 대를 이어 습득한 젠더의 특성을 부여한다는 사실을 알 수 있었습니다. 갓난아이를 남자로 알고 있는 학생들 대부분은 "아기가 뭔가 마음에 안 들어 화가 난 것"이라고 답했고, 여자로 알고 있는 학생들은 "아기가 무서워서 또는 보살펴달라고 우는 것"이라고 답했습니다.

이 실험을 통해 학생들의 머릿속에 있는 두 개의 규범을 확인할 수 있었습니다. 같은 젖먹이를 두고도 특정한 유형에 따라, 즉 젠더에 맞게 감정상태를 대입한다는 것입니다. 분노나 공격성은 '남성적인 것', 울음, 두려움, 애정, 갈망 등은 '여성적인 것' 하는 식으로 말입니다. 이 심리실험 외에도 정형화를 보여주는 예를 수없이 많이 찾아볼 수 있습니다.

저는 꽤나 오랫동안 아프리카의 부르키나파소란 나라에 머물면서 연구를 했습니다. 그러던 중 그곳 원주민인 사모족 여인들이 아기가 울 때에 두 가지의 상반된 반응을 보인다는 사실을 발견했습니다. 사모족 여인들은 땔감이나 물을 나르고 곡식을 빻고 요리를 하는 등 바쁘게 움직이는 와중에도 늘 아기를 등에 업고 다닙니다. 그러다가 아기가 울면 짐을 내려놓거나 일손을 멈추고서 젖을 물리곤 하죠. 하지만 때로는 아기가 울어도 아랑곳하지 않고, 마을의 다른 여자나 좀 더 큰아이에게 아이를 맡기고 일을 계속할 때가 있습니다. 처음에는 너무 바빠서라고 생각했습니다. 하지만 얼마 지나지

폴 고갱, 〈타이티의 여인들〉 1891

사람들은 개인을 남자와 여자라는 두 부류
로 나누어 유형화시킵니다. 한 유형은 모든
욕구를 바로 분출하고 해결할 수 있지만 다
른 부류는 누군가의 보살핌 속에서 자신의
욕망이 채워질 때까지 기다리며 살아야 합
니다.

않아 젖을 물리는 것은 남자아이이고 그냥 내버려두는 것은 여자아이라는 사실을 알게 되었습니다. 저는 사모족 여인들에게 까닭을 물어보았습니다. 그녀들의 대답은, '붉은 심장'을 가지고 태어난 남자아이들은 어려서부터 사납고 욕구불만을 참지 못하는 성향을 지니기 때문에 울도록 내버려두면 안 된다는 것이었습니다. 사내아이가 화가 나게 내버려두면 스스로 참지 못해 죽을 수도 있으니 빨리 젖을 물려서 달래야 한다는 것입니다. 반면 여자아이들은 평생 동안 욕구를 참고 기다려야 하는 운명을 타고났으니 어려서부터 인내를 가르쳐야 한다는 것이었습니다.

사람들은 이렇게 개인을 두 부류(저는 감히 두 '인종'이라고 부르고 싶습니다)로 나누어 유형화시킵니다. 한 인종은 모든 욕구를 바로 분출하고 해결할 수 있다는 사실을 경험을 통해 터득하고 이를 당연한 것으로 여기며 살아갑니다. 다른 인종은 늘 누군가의 보살핌 속에서 욕망이 채워질 때까지 불만족을 억누르고 살도록 운명지어집니다.

운명처럼 주어지는 만족과 불만족에다, 여자는 싸우면 안 되고 남자는 울어선 안 된다는 등의, 사회가 요구하는 행동

규범들이 덧붙여집니다.

때로는 학교 선생님들까지 이런 차별적인 행동을 서슴지 않는 것을 볼 수 있습니다. 선생님들도 이런 지배규범 속에서 자라왔기 때문에 그것을 당연히 여기는 것입니다. 예를 들면 물리나 수학 문제는 남학생들에게 먼저 물어보고 문학 등의 문제는 여학생들에게 먼저 물어보는 경우입니다.

여기엔 앞서 얘기한 미디어의 왜곡이나 과장도 한몫을 합니다. 광고나 텔레비전 프로그램, 만화 등은 고정관념에 기대어 당연한 듯 폭력을 미화하고 잘못된 의견을 조장하곤 합니다. 심지어 신문 기사들이나 지난 20세기의 소설들만 살펴보아도 이런 식의 표현들은 쉽게 찾아볼 수 있습니다.

### ▨ 젠더의 내면화

자, 이제는 젠더가 어떻게 고착화되고 개인에게 내면화되는지 이야기해 보겠습니다.

우리는 자기 분야에서 이른바 '최고의 자리'에 오른 여성들을 찾아볼 수 있습니다. 여성들이 대학교수나 정치인, 의사, 예술가, 드물게는 군인, 소방구조대원 등의 직업에서 최고의 지위에 오르는 경우입니다. 몇 년 전 이른바 '성공한 여성' 백 명 가량을 인터뷰한 책이 출간된 적이 있습니다. 이 책은 성공한 여성들에게 다음과 같은 질문을 던졌는데, "스스로 그 자리에 오를 자격이 있다고 생각하느냐"는 것이었습니다. 만일 성공한 남성들을 인터뷰했다면 이런 질문은 하지 않았을 겁니다. 유독 여성들에게만 이런 질문을 던질 수 있는 것은, 여성들은 늘 겸손해야 하고, 성공에 집착해선 안 되며, 주어진 자리에 만족해야 한다고 배워 왔기 때문입니다.

여성들을 주위에서 늘 부족하다는 소리를 듣습니다. 한 가지 예를 소개해 볼까요? 지금 롤랑 가로스* 대회가 한창 열리고 있죠? 러시아 출신의 세계적인 여자 테니스 선수 디나라 사피나Dinara Safina에게는 오빠가 하나 있습니다. 남자의 성에 'a'를 붙이지 않는 러시아 관습에 따라 오빠의 이름은 마라트 사핀Marat Safin입니다. 오빠 또한 몇 년 전까지는 세계

---

* **롤랑 가로스**Roland Garros 프랑스 파리에서 매년 열리는 세계적인 테니스 대회. 프랑스 오픈이라고도 부릅니다. 남자단식, 여자단식, 남자복식, 여자복식, 남녀 혼합 복식, 5개 종목으로 나누어 우승자를 가립니다.

정상급 테니스 선수였죠. 한번은 기자가 사피나에게 왜 오빠와 복식조를 이루어 대회에 참가하지 않느냐고 질문한 적이 있습니다. 대답은, 실력이 오빠에게 한참 못 미치므로 오빠가 별로 좋아하지 않을 것 같아서라는 것이었습니다. 그리고 그녀는 지금껏 오빠와 한 번도 같이 테니스를 쳐본 적이 없다고도 말했습니다. 기자는 그녀에게 오빠가 함께 테니스 치기를 원하느냐고 물어 본 게 아니었습니다. 사피나는 여자 테니스계에서 오빠의 명성에 결코 뒤지지 않는 실력을 가지고 있었죠. 그녀가 오빠와 복식조를 이루었다면 틀림없이 훌륭한 성적을 냈을 겁니다. 하지만 실력이 모자라 오빠가 싫어할 거라는 지레 짐작으로 마음조차 먹어보지 못했던 거죠. 사피나 또한 자신도 모르는 사이 여자로서의 지위를 내면화하고 있었던 겁니다.

## 맺는 말

어린 숙녀 여러분! 이제 자신도 모르게 마음속에 지니게 된 열등의식을 내려놓으시기 바랍니다. 여러분 중엔 이미 그런 생각따위는 하지 않는 분들도 많을 겁니다. 이제부터는 이런 마음이 당연한 것으로 여겨져야 합니다. 여러분이 운명처럼 받아들이고 있는 고정관념들을 거부해야 한다는 것입니다.

어린 신사 여러분들께도 부탁드리겠습니다. 여러분은 남녀가 동등하다는 생각을 마음속 깊이 품고 살기 바랍니다. 남녀 모두 똑같은 두뇌와 똑같은 욕구, 똑같은 감정을 가지고 같은 삶을 살고 있기 때문입니다.

왜, 어떻게 이런 사회 규범들이 고착화되었는지에 대해서는 질의응답 시간에 더 자세하게 이야기해 보도록 하죠. 남녀의 차별이 행해지는 방식에 대해선 자세히 설명했지만, 그것들이 어떻게 고착화되었는지에 대해서는 충분히 설명하지 못한 것 같아 아쉽습니다.

지금까지, 일흔다섯 살 먹은 한 여자로서 품고 있는 생각들을 여러분과 나누어 보았어요. 이제 손에 들고 있던 횃불을 젊은 여러분들에게 넘길 때가 된 것 같습니다. 제 이야기를 잘 이해하셨다면, 인생의 첫 발을 뗀 여러분들이 이제부터 그 임무를 이어받아 줄 것을 기대합니다.

# 남자는 왜?
# 여자는 왜?

선생님께서는 여자아이를 남자아이보다 열등하게 여기는 것이 문화 때문이라고 말씀하셨습니다. 그렇다면 원시 인류가 남성이 여성보다 우월하다고 믿게 된 계기는 무엇이었을까요?

—

지금처럼 세계 인구가 70억이 아니라 겨우 몇십만 명밖에 안 되던 시절을 떠올려 보세요. 그때는 사람들이 '혈족'이라 부르는 작은 집단을 이루고 살았습니다. 즉, 한 집단의 모든 구성원들이 혈연으로 맺어진 사회였지요. 그때는 사냥을 하거나 열매를 따 먹는 등 자연으로부터 직접 식량을 채취하여 생활했기 때문에 저장이라는 개념이 없었지요. 이를 가리켜 우리는 '수렵채집생활'이라고 부릅니다.

이렇게 살던 사람들이 언제부턴가 언어를 사용하게 되었고, 자기가 사는 세상을 관찰하면서 많은 질문들을 품게 되었을 겁니다. 이 질문들을 통해 그들은 무엇을 알게 되었을까요? 우선 그들은 온갖 종류의 동물들을 보았을 테고 부족의 바깥세상에 사는, 자신들과 비슷하게 생긴 다른 사람들도 만났을 겁니다. 사람들은 이렇게 잡아먹고 때로는 잡아먹히기도 하며 자연 속에서 온갖 종류의 동물들과 공생관계를 이루며 살아가고 있었죠. 이런 가운데 그들이 가장 먼저 발견한 것은 '차이'였을 겁니다. 사자는 영양과 다르게 생겼고 다르게 행동한다는 식의 차이 말입니다. 나아가 그들은 집단 내에서 마주치는 개개인들이 모두 다르게 생겼다는 사실도 알게 되었을 겁니다.

하지만 그들은 이런 차이 너머에 변하지 않는 것들도 있다는 놀라운 사실을 알게 되었을 것입니다. 이를테면 어디에든 암컷과 수컷이 존재하고 사자들의 세계에도 수사자와 암사자가 있으며 사람들 세계에도 남성과 여성이 있다는 것을 말입니다. 더불어 매일 어김없이 태양이 떠오르고 밤과 낮이 나뉘며 남성과 여성이 존재한다는 것과, 이런 현상이 사람의 의지나 행위와 상관없이 변함없이 이루어진다는 사실도 발견하게 되었을 겁니다.

저는 이를 가리켜 '사고의 구분선'이라고 부릅니다. 이러한 단위에 의해서만 우리의 사고가 이루어질 수 있고 그것 없이는 앞으로 나아갈 수 없는, 사고의 최종 단위 같은 것이죠. 이렇게 확인한 사실을 시작으로 초기 인류는 높다/낮다, 덥다/

춥다, 부드럽다/딱딱하다, 거칠다/매끄럽다, 적극적이다/소극적이다 등등, 앞에서 얘기한 이항대립적인 정신의 범주*를 구성할 수 있었습니다.

그런데 이런 범주는 남성과 여성의 존재를 기본으로 한 것이기 때문에 각각의 범주들은 한쪽은 남성성에, 다른 한쪽은 여성성에 모두 결부되어 있습니다.

여기까지는 아무 문제도 없습니다. 왜냐하면 대립되는 두 개의 범주들은 사고하기 위한 것이지 차등을 두기 위한 것이 아니었으니까요. 인류 사회는 일상생활에서 학문에 이르기까지 모두 이런 사고체계를 사용하여 살고 있습니다.

지구상에 두 개의 성으로 분화된 생물이 처음 등장한 것은 약 8억 년 전이었습니다. 그 전에는 양성이란 게 없었고 스스로를 복제하는 아메바 같은 생물만 존재했죠. 이런 아메바가 돌연변이를 통해 두 개의 성을 가진 생물체로 변화하지 않았다면 세상에는 성의 구별도 없었을 겁니다. 만약 아메바

---

* **범주category** 같은 성질을 가진 부류나 범위를 말합니다. 하지만 범주를 나누는 것은 그것과 구분할 수 있는 상대적인 개념이 있어야만 가능합니다. 예를 들어 남자라는 개념은 그것과 구분되는 여자라는 개념이 있어야만 의미를 가질 수 있습니다.

가 계속 자기복제를 통하여 고등생물로 진화했다면 그들이 이뤄낸 사회는 이분법적인 범주로 세상을 바라보지도 않았겠죠. 그것이 어떤 세계였을지는 저도 상상할 수 없습니다. 현재 우리는 아메바의 세상이 아닌, 한쪽은 남성성으로 다른 한쪽은 여성성으로 대표되는 세계에 살고 있으니까요.

그렇다면 남성성을 나타내는 범주와 여성성을 나타내는 범주 사이에 어떻게 불평등이 생겨나게 되었을까요? 어떻게 해서 남성적인 범주가 여성적인 범주보다 우월하다고 생각하게 되었을까요?

한편 '남녀'라는 구분 외에도 우리가 사는 세상이나 삶 속에는 의미를 부여해야만 할 중요한 사고의 구분선들이 많습니다. 열거하자면 많지만 여기선 몇 가지만 예로 들어 보겠습니다.

지금 우리는 살아있지만 언젠가는 죽게 될 것입니다. 그런데 생명은 피가 있어야만 유지됩니다. 사람들은 동물을 죽이면서 이런 사실을 깨닫게 됩니다. 생명은 온기가 있고 또한 움직이는데, 피는 이런 요소들을 모두 가지고 있지요.

그런데 여자들은 규칙적으로 피를 밖으로 내보냅니다. 여기에서 여성이 남성보다 덜 따뜻하다는 믿음이 생겨납니다. 이분법적인 범주에서 왜 남성이 뜨거운 쪽에, 여성이 차가운 쪽에 속하게 되었는지는 이런 식으로 설명할 수 있습니다. 이런 믿음은 아리스토텔레스 같은 철학자도 이론으로 내세웠습니다.

또 다른 구분선도 있어요. 임신이 되려면 남녀가 성적으로 결합해야 합니다. 그런데 아기를 낳는 것은 언제나 암컷 또는 여성들입니다. 게다가 여성들이 같은 성, 즉 딸만 낳지는 않습니다. 만일 여성들이 딸만을 낳았다면 아무 문제도 없었을 겁니다. 여성이 자신과 다른 성을 가진 아들까지 생산할 수 있다는 게 문제이지요. 여성들은 자기와 다른 신체구조를 가진 생명체를 만들어내는 반면 남성들은 자기와 같은 신체구조를 지닌 아이조차 만들어낼 수 없다는 데에서 문제는 시작됩니다.

남성들이 왜 아들을 생산해낼 수 없는가를 설명하기 위해

**아리스토텔레스의 정액론**   아리스토텔레스는 오늘날 서양의 지적 토대를 이룩한 위대한 철학자이지만 여전히 남성이 여성보다 우월하다는 인식에서 벗어나지 못하였습니다. 그는 '정액론'을 통해 여자의 '배'에 남자의 '씨'를 뿌린다는 이론을 내세우며 남성지배 사회를 합리화했습니다. 하지만 아기는 난자와 정자라는 두 생식세포가 결합하여 만들어진다는 사실이 알려짐으로써 그의 이론은 옳지 않다는 것이 밝혀졌습니다.

많은 신화(존재하는 것들의 근원을 설명하는 이야기)들이 만들어 졌습니다. 이런 신화들은 만약 여성들은 딸만 낳고 남성들은 아들만 낳았다면 세상은 완벽했을 것이라고 하나같이 얘기합니다. 그런데 여성들만이 딸과 아들을 포함하여 아이를 낳을 수 있습니다. 이에 대해 대부분의 신화들은 남성들이 뭔가 잘 못을 저질러 신이 벌을 내린 것이라고 설명합니다. 원래는 남 자도 아이를 낳을 수 있었는데 신이 그 능력을 빼앗아버렸다 는 거지요. 물론 사실과 다른 터무니없는 얘기지만, 이런 식의 설명이 인간이 어떤 문제에 대답하는 방식이었습니다.

"여성들이 왜 자신의 몸과 다르게 생긴 아이를 낳는가?"라 는 질문은 또 다른 질문을 낳습니다. "여성이 아들과 딸을 모 두 만들 수 있다면 남자의 역할은 도대체 무엇인가?"라는 질문 입니다. 인류가 탄생하면서부터 우리를 혼란스럽게 했던 이 질 문 앞에 많은 신화와 이론들이 답을 주려고 했습니다.

근대과학이 탄생하기 이전의 이론들은 이렇습니다. "여성 이 두 개의 성 모두를 생산할 수 있는 것은 그녀들이 아기를 만드는 재료나 남성이 수정한 아기를 담아두는 냄비 같은 존 재이기 때문이지 결코 여성이 능력이 있거나 우월하기 때문

프리다 칼로 〈나의 유모와 나〉, 1937

남자는 자신과 같은 성을 생산하지 못하는
반면 여성은 두 개의 성을 모두 생산하는 능
력을 지녔습니다. 모든 면에서 우월성을 확
인하고 싶어했던 남성들은 이런 현상을 자기
들 나름대로 설명하는 신화와 이론들을 만
들어냈습니다.

은 아니다!" 이런 논리의 반전을 통해서 남성은 다시 인간의 근본이 될 수 있었습니다. 반면 여성들은 아기들을 키워내는 땅과 같은 존재가 되었죠.

물론 그 시대에 난자를 가진 여성과 정자를 가진 남성이 절반씩의 유전자를 나눠줌으로써 새로운 형질의 아이를 만들어낸다는 사실을 알 리가 없었죠. 이런 사실이 밝혀진 것은 18세기 말에서 19세기 초에 와서였습니다. 더구나 아이를 만드는 데에 남녀가 똑같은 비중의 역할을 한다는 사실은 유전학이 발전한 20세기에 와서야 밝혀졌습니다. 모두 최근에야 밝혀진 사실이죠. 이런 남녀 공동기여론이 등장하기 전까지는 모든 이론들이 남성이나 그 너머의 신 또는 조상에서 생명의 근원을 찾으려 했습니다.

과거의 낡은 규범 속에서 여성들은 종족보존을 위해 꼭 필요한 재료 정도로 여겨졌습니다. 기업으로 치면 종자돈이나 생산을 위한 원료 같은 존재였죠.

우리 인류의 조상인 호모사피엔스들은 소규모 혈족집단 간의 전쟁과 살상으로 아이를 낳을 여성이 부족해지고 집단이 멸족하는 것을 막기 위해 몇 가지 공통의 규칙들을 가지

게 되었습니다. 그중 하나가 남성들이 자기 딸 또는 여자형제
와 잠자리를 하는 대신 다른 부족의 딸이나 여자 형제들과
물건처럼 교환하는 것이었습니다. 이런 '근친상간금지' 규범
은 집단들 사이에 평화로운 관계를 유지하도록 해 주었을 뿐
아니라 결혼을 통해 부족 간의 정치경제적 동맹도 가능하게
해주었습니다. 남성들이 만들어낼 수 없는 자손, 그 중에서도
아들을 얻기 위해 여성들이 마치 화폐와도 같은 기능을 수행
하게 된 것입니다.

그런데 이런 제도를 유지하려면 여성은 남성들, 특히 아버
지에게 종속되어 있어야만 합니다. 19세기 프랑스만 해도 딸
들이 자기 남편감을 직접 고를 수 없었습니다. 대신 아버지가
딸의 배우자를 선택해 주었죠. 그리고 결혼을 하면 여자는
남편의 소유물이 되었습니다. 딸들은 성인이 되어도 자기 몸
을 마음대로 할 수 있는 자유 결정권이 없었습니다.

이런 상황은 아직 많은 나라들에서 이어지고 있습니다. 지
금 우리가 살고 있는 프랑스 사회에서는 다행히 이런 악습이
없어졌고 스스로 배우자를 선택할 수 있는 권리가 주어졌습
니다. 하지만 아직도 많은 사회에서 이런 선택의 자유는 제

한되고 있습니다. 대신 아버지(때로는 어머니)나 집안어른들이 가문이나 공동체의 이익을 위해 딸의 교환을 결정하곤 하죠. 이런 사회에서 딸들은 당연히 자기 의견을 내세울 권리를 가지지 못합니다.

뿐만 아니라 딸들은 배울 권리도 오랫동안 박탈당해 왔습니다. 앞에서 세계 문맹 인구의 대부분이 여성이라고 말했죠? 소녀들은 이렇게 고의적으로 무지 속에 방치되어 왔습니다. 교육을 받게 되면 지식이 쌓이고 비판정신이 생겨서 반항하게 된다는 것을 사람들은 잘 알고 있었던 겁니다. 이런 상황에서 여성이 국가 통치나 기업 경영 등의 일에서 높은 자리에 오르는 것은 어려울 수밖에 없었습니다.

선사시대 인류의 지식과 과학 수준에서는 여성들이 이해할 수 없는 능력을 지닌 존재로 여겨졌습니다. 이런 생각은 생식세포의 원리가 밝혀진 18세기까지 계속되었죠. 만약 러시아 인형처럼 딸들이 딸들만을 계속 생산했다면 아무 문제도 없었을 것입니다. 틀의 모양과 똑같은 과자가 나오면 정상이라고 생각하지만 틀과 다른 모양의 과자가 나오면 비정상이라고 보는 것과도 같은 이치이죠!

그렇다면 언젠가 여성과 남성이 동등해질 날이 올까요?
—

저는 그렇게 될 거라고 생각합니다. 지난 세기 동안 역사가 그런 방향으로 흘러왔고 이제 여러분이 그런 흐름을 이어나가야 합니다. 하지만 남성과 여성이 평등해지기까지는 갈 길이 멀 뿐더러 가까운 미래에 그것이 이루어질 것 같지도 않습니다. 아마 제 생전에는 그런 모습을 보기는 힘들 겁니다. 여러분의 부모 세대도 마찬가지일 거예요. 여러분 세대에도 그게 가능할지 모르겠습니다. 경제 전문가들마저도 지금의 추세로는 유럽에서 남녀의 임금 평등이 이루어지려면 적어도 500년은 걸릴 거라고 말하니까요!

제가 앞서 설명한 사회규범들은 약 4만 년 전쯤에 만들어진 것들입니다. 여기에 신분제도까지 더해지면서 지금까지 불평등이 이어져 내려온 거죠. 이런 규범들이 십년이나 이삼십년 안에 사라지기는 어려울 겁니다. 지구 전체로 볼 때는 삼사천 년이 지나도 힘들지 몰라요. 지구 전체를 얘기하는 것은 그래도 서양이 가장 빨리 남녀평등을 이뤄낼 것이라고 보기 때문입니다. 지금까지의 인류 역사를 돌이켜볼 때 이 또한 그리 긴 시간이라고 볼 수 없죠. 우리가 사는 지구 행성의 진화 속도를 보아서는 인류가 진짜 평등의 첫걸음을 떼었는지조차 확실하지 않습니다. 하지만 현재 우리가 사는 행성을 짓누르고 있는 여러 위협들이 평등을 재촉할 수는 있습니다. 여러 연구들을 통해 기업에서 여성들의 비중이 커질수록 발전이 빨라지고 더 많은 이익을 내며 생태환경에도 바람직하다는 결과가 나오고 있으니까요.

지금은 남녀관계에 따른 사회적 손익계산이 활발하게 이루어지고 있으며, 양성평등의 추구가 지구의 파괴 속도를 지연시켜줄 수 있다는 관측도 나오고 있습니다. 현재까지의 진행상황은 이렇지만, 그렇다고 이런 희망들이 당장 오늘 내일에 이루어질 것들은 아니지요.

---

**함께 토론해 봅시다!**

- '차이'와 '차등' 그리고 '차별'의 말뜻에 대해 정의해 봅시다.
- '차등'에서 오는 '차별'과 '차이'에서 오는 '차별'에는 어떤 것이 있을지 예를 들어 이야기해 봅시다.
- '차등'이나 '차이'에 따라 '차별'을 두는 것이 정당한지에 대해서도 토론해 봅시다.

한 여성 철학자가 여성이 남성에 비해 열등한 지위를 가지게 된 이유에 대해 설명하는 걸 들은 적이 있습니다. 그는 남성들이 여성들보다 강해 보이려는 욕구를 가지고 있고, 그 이유가 여성이 남성을 생산할 수 있는 놀라운 능력을 지녔기 때문이라고 하더군요. 이에 대한 선생님의 생각은 어떤지요?

—

이런 주장은 주로 정신분석학자들이 제기하고 있지요. 그들은 제가 조금 전에 말한 것처럼 남성들이 아이를 가지려 여성들을 소유물로 삼는다는 주장 대신 양성 아이들을 모두 생산할 수 있는 여성의 특별한 능력을 남성들이 시기하는 것이라고 말합니다. 동전의 양면과도 같은 것이지만, 사회나 집단의 시각이 아닌 개인의 반응이란 측면에서 문제를 바라보고 있는 거지요.

그러나 중요한 것은 스스로 아이를 만들어내지 못하는 자신들의 무능함에서 비롯된 질투라는 정신분석의 논리로는 남성이 지배하는 집단들 사이에 벌어지는 여성의 교환이나 여성들의 활동이 가사에만 종속되는 현상 그리고 앞에서 말

한 여성에 대한 경멸이나 비하가 이루어지는 체계적인 시스
템들을 설명하기 곤란합니다. 따라서 여러 문제를 종합적으
로 설명하려면 제가 앞에서 한 설명들이 더 설득력이 있다고
봐요.

클림트 〈여자의 세 시기〉, 1905

그런데, 왜 사람들은 남성이 여성보다 우월하다고 생각하게 되었을까요?
—


저나 여러 민속학자들이 연구한 바로는, 앞에서 제가 얘기했듯이, 어떤 사회나 어떤 사고방식에서든 여성의 몸에 아기의 씨를 심어주는 것이 바로 남성이라는 굳은 믿음이 존재했습니다.

이는 다시 미묘한 차이를 지닌 두 개의 모델로 나뉩니다. 첫 번째는 신(어떤 신이든)이나 조상이 여성의 몸 안에 아기를 심어주고 이렇게 심어진 씨앗을 여성들이 몸 안에 잘 품었다가 하나씩 내보낸다는 겁니다. 물론 그러기 위해선 먼저 남자가 여자의 몸에 씨앗을 뿌려주어야 하겠죠. 이런 믿음은 우리가 흔히 '미개사회'라고 부르지만 결코 미개하지 않았던 사회의 절반 정도에서 받아들여졌습니다. 반면, 나머지 절반의 사회에서는 신이나 조상 덕분이 아니라, 아기의 씨가 남성의 정액 안에 이미 들어있다고 믿었습니다. 19세기에 현미경을 통해 남성의 정자를 확인한 학자들은 난자와 정자 중 어떤 것이 아이를 만들어내는지에 대해 논쟁을 벌였습니다. 둘이

결합함으로써 아기가 만들어진다는 생각에는 아직 미치지 못했던 거죠. 정자 쪽이 아이를 만들어내는 근본이라 주장하는 소위 '난쟁이발생론자'들은 정자 안에서 희미하게 아주 작은 사람의 형태(다시 말해 미래의 아기)를 볼 수 있다고 주장하기도 했습니다.

이렇게 인류 초기의 원시사회에서는 생식능력이 남성들에게 있다고 믿었으며 우월함 또한 남성들의 몫이었죠. 만약 이런 능력들이 여성에게 있어서 남성은 아무 역할도 하지 못한다고 생각했다면 우린 지금과 전혀 다른 사회에서 살고 있었을 거예요. 그랬다면 남녀에 대한 인식도 완전히 달라졌겠죠.

**생식능력과 남성지배** 인류학자인 지은이는 성차별을 정당화하는 남성 지배의 근원이 여성들만이 아이를 낳을 수 있는 생식능력을 가진 데에서 비롯되었다고 봅니다. 즉 힘이 강한 남성들이 가임기 여성들의 생식능력을 차지하려고 경쟁하는 과정에서 여성들을 소유물이나 종속물로 보고 남성 지배의 사고가 정당화되도록 문화와 규범들을 만들어 정착시켰다는 것입니다.

함께 토론해 봅시다!

– 내가 여자 또는 남자로 태어나서 가지게 되는 불이익은 무엇이 있을까요? 함께 이야기해 봅시다.
– 내가 여자 또는 남자로 태어나서 좋은 점에 대해서도 이야기해 봅시다.

안녕하세요? 왜 어떤 나라에서는 어린 소녀들이 자기보다 훨씬 늙은 남성들과 결혼하는 걸까요?

—

사실 세계의 많은 곳에서 이런 일이 벌어지고 있습니다. 이슬람 사회에서는 아홉 살이 되면 결혼을 허락합니다. 어떤 곳에서는 여자아이가 태어나자마자 결혼하여 미래의 남편 집에서 자라나기도 하죠. 물론 성관계를 전제로 한 실질적인 결혼은 아니지만, 과거에는 거의 모든 사회에서 소녀들이 사춘기가 되면 곧바로 결혼을 시켰습니다. (요즘은 예전보다 사춘기 연령이 빨라졌습니다. 20세기 초 스웨덴만 해도 소녀들의 사춘기 연령이 18세 정도였다는데 지금은 그보다 훨씬 빠릅니다).

지금도 많은 곳에서 딸들은 사춘기가 되자마자 또는 그보다 훨씬 전에 시집을 보냅니다. 게다가 일부다처제 사회라면 대부분의 소녀들이 자기보다 훨씬 나이 많은 남성과 결혼을 하죠. 심지어 마흔 살 이상 차이가 나는 경우도 있습니다.

저는 이것이 제한된 기간에만 아이를 낳을 수 있는 여성을 값나가는 재화 정도로 보던 옛 관습과 관련이 있다고 봅니다.

아까 인생의 나이에서 보았듯이 사춘기부터 폐경기까지, 여성들의 임신이 가능한 기간을 최대한 가치 있게 활용하려는 전략이죠.

그뿐만이 아닙니다. 일부다처제 사회에서 부유하고 명망이 있는 남자들은 대부분 나이가 많을 수밖에 없지요. 그런데 아버지들은 미래가 확실하지 않은 젊은 남자보다 장래가 보장된 남자에게 딸을 시집보내려고 합니다. 이런 경우 결혼적령기에 이른 젊은 남성들을 제치고 부유한 남성들이 신부들을 독점하게 된다는 사회문제가 생겨나겠죠.

무엇보다 큰 문제는 20년 전부터 (아프리카를 제외한) 세계 대부분의 나라에서 여성들의 출산율이 눈에 띄게 떨어지고 있다는 사실입니다. 예를 들어, 전에는 이란 여성 한 명이 평균 8명의 아이를 출산했지만 지금은 2명으로까지 줄어들었습니다. 가족의 의미가 예전과 달라졌기 때문입니다. 유아사망률이 낮아졌음에도 부모들이 교육이나 취업 등 자식들이 스스로 살아갈 길을 마련해주는 데에 어려움을 겪으면서 출산율이 낮아지고 있는 것입니다. 그래도 아직 니제르 등의 많은 나라에서는 여성 1명이 평균 8명의 아기를 낳습니다.

제가 연구를 진행했던 아프리카의 한 나라에서는 여자가 17차례나 임신하는 일도 (그렇다고 17명의 아이를 낳는 건 아니고요) 흔했습니다. 이런 높은 임신율은 높은 영아사망률 때문이기도 하지만, 긴 가임기간을 가지면서 수유기간에는 성관계를 금지해왔던 사회에서 여성의 몸이라는 재산을 최대로 활용하는 전략이기도 했지요. 그렇게 보면 보다 많은 아이를 가질 수 있는 일부다처제는 노후의 안정을 보장받기 위한 제도적 장치라고 볼 수 있죠.

**함께 토론해 봅시다!**

- 우리나라도 저출산의 문제가 심각하게 대두되고 있습니다. 국가나 사회적으로 저출산과 인구감소가 왜 문제가 되는지 이야기해 봅시다.
- 스웨덴이나 프랑스 등 선진국들이 저출산 문제를 어떤 정책으로 극복했는지 조사해 보고 우리나라의 저출산 극복 방법에 대해서도 토론해 봅시다.

## 왜 남자아이는 울면 안 되고
## 여자아이는 싸우면 안 되나요?
—

그래요, 질문을 한 학생도 이것이 자연스러운 이치가 아니라는 걸 잘 알고 있을 겁니다. 즉, 그것은 젠더의 역할에 충실하라는 지상명령 같은 것이죠. 이는 자연이 아니라 문화의 산물이며 우리의 사고가 만들어낸 규범입니다.

남자는 당연히 용감하고, 겁이 없고, 거칠고, 승부욕이 있어야 한다고 우리는 생각합니다. 또 남자는 상대 앞에서 주눅들지 말아야 하며 약한 모습을 보여선 안 된다고 말합니다. 한마디로 남자다운 모습을 보여주어야 한다는 것이죠. 반대로 여자는 눈물과 겁이 많고 연약하며 꾸준한 애정과 관심, 보호가 필요한 존재라고 말합니다. 사람들은 여자들에게서 얌전함, 부드러움, 배려심 등을 기대합니다. 반대로 여자들에게는 마음껏 눈물을 흘리고 자기감정을 드러낼 수 있는 권한이 주어지죠. 자연과 기술 그리고 자신을 통제할 수 있는 능력을 남성적인 것이라고 보는 사회에서 이런 특성은 남성적 특성의 반대인 무기력함으로 비추어질 것입니다. 그래서 남자가 눈물을 보이면 여자 같다고 말하는 것이죠. 이 모든 것은 인간의 정신이 만들어 낸 '젠더'의 산물일 뿐 자연적인 성의 차이에서 비롯된 현상은 아닙니다.

안나 앙케 〈바느질 수업〉, 1910

안녕하세요? 선생님은 여성이잖아요?
선생님이 만일 남성이었다고 해도
지금과 같은 견해를 가지게 되었을까요?
—

제가 남자였다면 어땠을까요? 제 동료 인류학자들 중에는 남

성들도 많습니다. 하지만 그분들도 현재의 상황을 저와 비슷

하게 해석하고 저와 비슷한 생각을 가지고 있지요.

케테 콜비츠 〈어머니들〉, 1923

선생님께서는 모든 것을 일반화해서 얘기하시는 것 같아요. 예를 들어 남성은 강자이고 여성은 약자라고 말하시는데, 서양 사회에서나 그렇지 동양 사회에서는 여성이 가정에서 가지는 힘이 매우 크다고 들었습니다. 그런 면에서 여자를 무조건 약자로만 보는 것은 지나친 일반화가 아닐까요?

—

짧은 시간에 많은 얘기를 하느라 문제에 도식적으로 접근한 면이 없지 않습니다. 사회가 만들어낸 규범의 차이만큼 개인의 차이도 중요하죠. 간단하게 설명하려다보니 통계적으로 일반화하여 이야기한 것입니다.

상대적으로 강한 것과 약한 것을 표현하는 방법은 다양합니다. 사실 투아레그족을 비롯한 유목민 사회에서는 여성을 집이나 이동식 천막을 받쳐주는 기둥에 비유하기도 하죠. 하지만 여기에서도 여성이 주도권을 쥐고 행세하는 곳은 집이나 텐트 안이 전부라는 걸 알아야 해요. 비유적 표현과 진짜 현실 사이에는 커다란 차이가 있는 거죠.

아직도 세계에는 수렵채집사회가 존재합니다. 이런 사회

에서 여성들이 주로 하는 채집은 집단을 먹여 살리는 데에 80% 이상의 비중을 차지하지요. 그럼에도 불구하고 이 사회에서 여전히 높은 가치를 인정받는 것은 남성들이 사냥한 고기라는 사실을 알아두기 바랍니다.

앙리 루소 〈꿈〉, 1910

함께 토론해 봅시다!

– 남녀를 떠나서 '동일한 노동에 동일한 임금'을 적용해야 한다는 원칙에 대해 여러분은 어떻게 생각하시나요? 부모님이나 어른들의 의견을 먼저 물어본 후 함께 토론해 봅시다.

저는 조금 다른 질문을 드려 볼게요. 요즈음 서구 사회에서 남성들이 점점 여성화되고 있다고 생각하시지 않나요? 광고 등을 보면 여성들이 남성들보다 오히려 진취적으로 그려지곤 하잖아요.

—

먼저 저의 주장을 모든 것을 거꾸로 뒤집어 버리자는 말로 받아들이지 마시길 바랍니다. 여성이 권력을 갖고 남성들이 의존적이 되는 세상은 바람직할까요? 상황만 뒤바뀔 뿐, 이런 사회 또한 똑같은 불평등을 만들어낼 것입니다. 여성들 중에는 "그거 괜찮은 반전인데?" 하고 반기실 분도 있을 거예요. 하지만 제 주장은 그런 게 아닙니다. 제가 바라는 것은 여성들이 남성들과 동등하게 인정을 받고 멸시나 비하 또는 의존에서 벗어나 직업적으로 동등한 기회를 가지며 정치, 경제, 종교, 문화 등에서 개인의 역량에 따라 차별 없이 성취를 이뤄낼 수 있는 사회입니다.

예를 들어, 사람들은 오랫동안 여성도 창의적인 능력을 지녔다는 사실을 무시해 왔죠. 선사시대를 탐구한 학자들은 농업과 목축업이라는, 인류에게 커다란 영향을 미친 발명품에 대해 많은 연구를 했어요. 농업은 우리가 먹을 양식을 끊임없이 생산할 수 있는 길을 열어주었으며 우리 인간 문명의 토대가 되었죠. 한데, 최근의 연구에서는 새로운 사실들이 밝혀지고 있어요. 남녀가 노동을 분담하기 시작하면서 농업은 주로 여성들의 몫이 되었습니다. 원시사회에서 남성들이 사냥하러 나간 동안 여성들은 채집을 담당하며 포니오* 같은 야생 곡물들을 수확하러 다녔을 겁니다. 수확하는 일뿐만 아니라 이 곡물의 껍질을 벗기고 빻고 익히는 일도 담당했겠지요. 그런데 곡식들을 빻는 과정에서 낟알들이 떨어졌을 테고, 비가 내리면 그 자리에 식물들이 다시 자라나는 걸 관찰하게 되었을 겁니다. 이런 과정을 통해 사람들은 식물을 채집하러 멀리 나가지 않고도 곡식을 수확하는 방법을 발명하게 된 겁니다. 물론 그렇게 되기까지 아주 오랜 시간이 필요했겠죠. 그럼에도 이러한 농사법을 발명한 것이 분명 여성들이었을 거라고 학자들은 추측하고 있어요. 창조하는 일은 언제나 남성의 몫이라는 생각이 너무 오래 머릿속에 박혀 있어서 우리는 이렇

---

* **포니오fonio** 아프리카에서 생산되는 벼과의 곡물

게 당연한 사실에 미처 생각이 미치지 못했던 겁니다.

옛날 서구사회에서는 여성들이 문학이나 미술 등의 창조적 분야에서 걸작을 만들어낼 수 있다는 생각을 아예 하지 않았어요. 하지만 『클레브 공작부인』* 같은 걸작을 만들어낸 이가 여성이라는 사실을 여러분은 명심하기 바랍니다.

우리 주장은 성 역할을 뒤집자는 것이 아니에요. 다만 남녀가 평등하다는 사실을 인정해달라는 것이지요.

**함께 토론해 봅시다!**

– 과거에 예술은 여성들에게 매우 낯선 영역이었습니다. 그럼에도 어려운 환경 속에서 훌륭한 예술작품을 만들어낸 여성 예술가들도 많습니다. 우리나라를 비롯하여 세계적으로 시대의 편견을 극복하고 예술적 성취를 이루어낸 여성 예술가들을 찾아내고 그들이 어떻게 예술가의 길을 걸었는지 조사해 봅시다.

---

\* **클레브 공작부인**La Princesse de Clèves 라파예트 부인(1634~1693)이 쓴 프랑스 소설. 1678년 지은이의 이름이 알려지지 않은 채 출판되었습니다. 귀족사회에서 벌어지는 사랑과 질투, 계략, 심리묘사 등으로 당시 상류사회에서 큰 반향을 불러일으켰습니다.

안녕하세요? 선생님은 남녀차별이 그 사회의 종교로부터도 영향을 받았다고 생각하시나요?
—

아니요. 그것은 종교와는 직접적인 연관이 없습니다. 고차원적인 종교들, 다시 말해 경전을 가지고 있는 종교들은 나름의 역사를 가지고 있으며 탄생한 시기도 명확합니다. 물론 이런 종교들이 여성들의 저항을 죄악으로 간주하여 여성들의 삶을 힘들게 만든 면은 있지요. 하지만 그런 상황이 만들어진 것은 종교가 생겨나기 훨씬 이전의 일입니다.

아까 말한 남녀의 노동 분담에 추가해서 얘기하고 싶었던 게 있는데요, 그것은 왜 남자들만 사냥에 참여하고 여자들은 참여할 수 없었는지에 대한 질문입니다.

이는 피에 대한 사람들의 관념과도 관계가 있어요. 여성들이 달마다 피를 흘리는 현상에 대해 대부분의 사회에서는 자연과의 공감이나 합일, 우주와 육체 사이의 순환과 연관해서 설명했어요. 쉽게 말하면 우리 인간은 비슷한 것들끼리는 서로 끌어당기거나 밀어낸다고 생각하는 경향이 있어요. 이런 식으로 사람들은 피와 피가 만나면 더 많은 피를 보거나, 반대로 피가 고갈되어 버리는 일이 일어난다고 생각했습니다. 그리고 이 두 경우 모두가 여성의 생식능력을 해친다고 여겼지요. 이렇게 여성들의 생식능력을 보호하기 위해 사람들은 피 흘리는 사냥에서 여성들을 배제했던 것입니다.

이런 관습은 어느 사회에서나 또렷이 관찰됩니다. 생각해 보면 시골에서 돼지나 토끼를 죽이는 일은 늘 남성들의 몫이었지요. 간혹 나이 먹은 할머니들에게는 토끼나 닭을 죽일 '권한'이 주어지기도 했습니다. 하지만 돼지나 소같이 큰 짐승을 잡는 일에는 여자들이 절대 낄 수 없었어요.

오늘날에도 마찬가지입니다. 공인된 도살장에서 여성들은 고기를 자르거나 포장하는 일 정도만 할 뿐 직접 도살에 참여하는 일은 거의 없습니다. 전통적으로 이런 일은 온전히 남성들의 몫이라고 생각했기 때문입니다.

 – 우리나라도 옛날에는 여성들이 하지 말아야 할 것, 즉 금기사항들이 많았습니다. 이런 사례들을 찾아보고 왜 그랬을지 추측하고 이야기해 봅시다.

안녕하세요? 선생님은 누구나 평등하게 태어난다고 말씀하셨잖아요? 그런데 왜 어떤 사람들은 남자의 몸으로 태어났으면서도 마음속으로 자기가 여자라고 느끼는 걸까요?

—

그것은 평등과는 상관이 없는 이야기예요. 제가 아까 차이와 평등은 관련된 단어의 짝이 아니라고 말씀드렸죠? 또, 성은 신체적 특징과 관련이 있는데 여기에 성에 대한 기대치가 더해지면서 젠더라는 게 생겨났다고도 말했습니다.

종종 남성으로 태어났으면서도 자신이 여성이라고 느끼거나 그 반대의 경우가 생깁니다. 이런 사람들은 겉으로 드러나는 자기의 성과 다른 젠더를 갖고 싶어 하는 것입니다. 남성적인 것과 여성적인 것을 나누는 중간에도 어떤 다른 모습이 존재할 것입니다. 거기에 우리가 흔히 말하는 트랜스젠더들의 영역이 있는 것이지요.

트랜스젠더는 유럽뿐만 아니라 어느 사회에나 존재했습니다. 시대에 따라 트랜스젠더들은 오늘날보다 사회적으로 더 인정받은 적도 있어요. 이런 사실은 두 가지 측면에서 제 생각을 뒷받침해 줍니다. 하나는 겉으로 드러나는 성이 자연적으로 젠더를 결정해주지는 않는다는 것이고 또 하나는 통계적 평균보다 더 중요한 것은 개인의 차이라는 것입니다.

에곤 실레 〈무릎을 곧추세운 여인〉, 1917

최근에 〈르 몽드〉에서 선생님의 글을 읽었는데요, 선생님께서는 '여성혐오'라는 단어를 좋아하지 않는다고 말씀하셨습니다. 왜 그런지 궁금합니다.

—

'여성혐오'는 제가 즐겨 쓰는 단어가 아니에요. 왜냐하면 이 단어가 남성 지배의 한 단면밖에 보여주지 못한다고 보기 때문이지요. 여성혐오란 여성을 싫어하고 전적으로 배척하는 것을 말합니다. 하지만 남성지배 사회는 여성을 사랑하는 남성들에 의해서도 얼마든지 만들어질 수 있어요. 상대가 온순하고 성적 매력이 있으며 젠더적으로 충분히 여성의 특성을 지닌다면 말이에요. 반면에 여성혐오는 이것과 전혀 뜻이 다르지요. 그래서 여성혐오는라는 말은 남성지배 현상을 제대로 설명해 줄 수 없다고 생각합니다.

함께 토론해 봅시다!

– 누구든 자신의 성과 다른 젠더적 특성 가지고 있습니다. 예를 들어 나는 여자이지만 운동을 좋아하고 나는 남자이지만 인형 가지고 놀기를 좋아할 수 있어요. 내가 자신의 성과 반대되는 어떤 젠더적 특성을 가지고 있는지 곰곰이 생각해 보고 허심탄회하게 이야기해 봅시다.

안녕하세요? 옛날에도 남성들이 여장을 하고 여성들은 남장을 하는 사회 관습이 있었다고 하는데요, 이에 대한 선생님의 의견을 듣고 싶어요. 더불어 풍만한 여성을 찬양하던 시대가 있었는데요, 이에 대해서도 선생님의 의견을 듣고 싶습니다.

—

말씀하신 그런 사회에 대해 특별히 생각나는 것이나 의견은 없네요. 사회에 따라 남자들이 여자로 변장하는 것을 전혀 이상하지 않게 보던 시절도 있었죠. 주로 신분이 높거나 종교 의식을 수행하는 남성들이 여장을 하곤 했는데, 인도네시아에도 이런 풍습이 있었고, 북미 인디언 중 버데이크(두 개의 영혼을 가진 자라는 뜻)라 불리던 사람들의 경우가 그랬습니다. 주로 부정적인 의미로 쓰인 '버데이크'라는 말은 오늘날 우리가 흔히 트랜스젠더라고 부르는 사람들을 가리켰어요. 이런 사회에서 버데이크들은 여성처럼 행동하고 여자 옷을 입고 심지어 미혼의 남자와 동거하는 일까지 허락되었지요. 하지만 이런 동거 관계가 오래 지속되지는 않았고 보통은 상대가 자식을 낳아줄 배우자를 찾을 때까지만 유지되었습니다.

여기서 중요한 것은 이런 일이 가능했었고 일시적이나마 남성들의 동성애가 허락되기도 했다는 겁니다. 다시 말해, 옛날에도 트랜스젠더들을 수용하는 사회가 있었다는 거지요.

두 번째 질문에 대해 말씀드리자면, 한때 레스퓌그의 비너스*처럼 머리나 얼굴은 드러나지 않고 커다란 가슴과 엉덩이, 배, 심지어 외음부까지 여성의 몸을 과장하여 표현한 조각상들을 두고 그것이 원시 모계사회를 상징한다고 생각했던 적이 있습니다. 그런데 지금은 이런 조각상들이 다산을 기원하는 것이었다는 쪽으로 의견이 기울고 있고, 저도 이것이 상식적으로 옳다고 봅니다. 다시 말해 이런 형태의 조각상들은 '여성성'에 대한 숭배였을 뿐 '여성의 권위'에 대한 숭배는 아니었다는 뜻이죠.

레스퓌그의 비너스

---

* **레스퓌그의 비너스** 프랑스 피레네 산맥 기슭 레스퓌그 지방에서 발견된 구석기 시대의 여성 조각상으로 약 2만5천년 전의 것으로 추정됩니다. 이 밖에도 세계적으로 풍만한 몸을 지닌 원시시대의 여성 조각상들이 많이 출토되었습니다.

조금 전 도살장 얘기를 하면서 여성은 도살하는 일에 종사 할 수 없었다고 말씀하셨는데요, 그건 원시사회에만 해당하는 일이 아닌가요?

—

원시사회뿐일까요? 이것은 인간의 사고규범이 원시시대부터 어떻게 답습되었는지, 그러니까 왜 여자들은 피를 보아선 안 된다고 생각했는지를 이야기하는 것입니다. 여자들은 고기를 손질할 수 있었지만 직접 죽일 수는 없었지요. 이런 사고는 아이를 생산할 수 있는 나이의 여성에게 더 엄격하게 적용되었어요.

고기나 가축을 죽이는 일뿐만 아니라 전쟁도 마찬가지였습니다. 지금은 여성들도 군대에 갈 수도 있고 간호병으로 전쟁에 참여하기도 합니다. 하지만 옛날에 여성이 전쟁에 참여하는 일은 극히 드물었어요. 설사 군대에 가더라도 여성들은 보조적인 역할만을 수행했죠. 요즘은 아프리카에서 내란이 발생하면 소녀들까지 민병대에 징집되고, 심지어 어린 소녀들을 살상에 동원하는 일까지 있습니다.

이것은 매우 중요한 변화라고 생각합니다. 과거에는 여성들이 군대에 가거나 살상에 참여하는 일은 생각조차 할 수 없었어요. 역사학이나 인류학에서 밝혀진 여성 전사들은 브라질 등 몇몇 지역에서나 겨우 찾아볼 수 있었지요. 이 여전사들도 사춘기 이전의 소녀들이나 폐경이 지난 여자들이었어요. 우리 프랑스인의 조상인 골 족*의 경우도 마찬가지였는데, 아이를 낳을 수 있는 연령의 여자는 절대로 전쟁에 나갈 수 없었습니다.

---

* **골Gaule 족** 로마 시대 갈리아라고 부르던, 지금의 프랑스, 벨기에, 북이탈리아에 걸친 지역에 살던 켈트족을 말합니다. 프랑스인들은 이들을 골 족이라 부르고 자신들의 조상으로 여깁니다.

클림트 〈전쟁의 여신 미네르바〉, 1898

여성들이 사냥이나 도살, 전쟁 등 피 흘리는
일들을 멀리하려 했던 것은 자손과 종족을
보존하려는 의지가 문화적으로 표현된 것이
었습니다.

안녕하세요? 학교에서 여자아이들은 대체로 공부를 열심히 하는 반면 남학생들은 공부를 안 하고 산만한 이유가 무엇일까요?

—

그건 남자아이들이 자기 존재를 드러내고 싶어 하는 욕구를 지니고 있기 때문입니다. 제가 남성혐오주의자(다시 말해 남성을 싫어하는 사람)라고 생각하지는 마세요. 오히려 그 반대입니다. 자기 존재를 드러내려면 남의 눈에 띄는 행동을 해야 하는데 그 방법이 그리 많지는 않습니다. 질서를 어지럽히는 행동도 그 중의 하나겠죠. 그밖에도 남들이 가지지 못한 것을 자랑하며 자신의 존재감을 드러내는 경우도 있어요.

　남자들의 이런 특성은 매우 안타까운 결과를 낳기도 합니다. 가난한 나라에서 이러한 행동들은 남자들을 비생산적인 일에 몰두하도록 만드는 결과를 초래하기 때문입니다. 그 중 제가 연구를 위해 머물렀던 부르키나파소의 예를 들어 볼게요. 이곳은 국내총생산은 물론 생활행복지수에서도 세계 꼴찌에서 다섯 손가락에 드는 나라입니다. 옛날에 이 나라에서는 나이 또는 제사에 쓸 물품을 얼마나 많이 바칠 수 있느냐

따위가 남성의 지위를 결정하곤 했습니다. 하지만 오늘날엔 최신 휴대폰을 가지고 있는지, 얼마나 큰 오토바이를 소유하고 있는지 등에 따라 지위가 결정됩니다. 두 가지 모두 이 나라에서는 거의 쓸모가 없는 물건들입니다. 휴대폰을 쓰려면 충전을 해야 하는데, 이 나라는 전기가 부족해서 제대로 사용할 수도 없지요. 그래서 발전장치를 가진 상인들이 비싼 값을 받고 충전을 해주곤 한답니다. 비싼 돈을 들여 휘발유를 넣어야 하는 오토바이도 마찬가지입니다.

이 나라에서 남자다움을 증명하려면 자신들의 위엄을 보여주어야 하는데, 그 대상이 지역의 전통적인 물품에서 서양 사람들이 쓰는 물품들로 바뀐 것이지요.

또 한 가지 예를 들어 볼게요. 무함마드 유누스는 왜 남성들에게는 돈을 빌려주지 않을까요? 무함마드 유누스는 그라민 은행*를 세운 사람인데, 이 은행에서는 여성들에게 소자본

---

* **그라민 은행**Grameen Bank 방글라데시의 경제학 교수인 무하마드 유누스 Mohamed Yunus가 빈곤퇴치의 일환으로 1983년 설립한 은행입니다. 가난한 사람들에게 담보 없이 소액대출을 제공하는 '마이크로 크레디트' 운동을 전개하여 수천 개의 지점들을 거느린 거대 은행으로 발전하였고 유누스 총재는 2006년에 빈곤퇴치에 이바지한 공으로 노벨 평화상을 받기도 하였습니다.

창업을 돕는 자금을 빌려줍니다. 방글라데시, 브라질, 파키스탄에 은행이 있죠. 여성들은 이 은행에서 빌린 돈으로 닭을 사고 달걀을 팔아 거기서 생긴 이익으로 사업 규모를 키워나갑니다. 이렇게 번 돈으로 대출금을 갚고 가족도 부양하죠. 창업 대출을 통해 여성 기업가들이 늘어나면 공동기금을 조성하여 길을 닦고, 보건소를 열고, 학교를 지원하는 등의 공익활동도 합니다. 대출이 많이 일어나는 지역에서는 은행이 여성들의 문맹퇴치를 위한 재정지원도 해주고 있어요. 읽고 쓰고 계산하는 법을 배우는 것은 여성들이 사업을 키우고 경영을 하는 데에 큰 도움이 되니까요.

한데 이 은행은 남성들에겐 거의 돈을 빌려주지 않는답니다. 왜일까요? 유누스의 답변은 간단합니다. 남성들은 돈을 잘 갚지 않을뿐더러, 빌린 돈으로 사업을 하여 가정을 돌보기 보다는 자기를 과시하는 데에 돈을 거의 써버린다는 겁니다. 남자들은 파티를 하고, 좋은 옷을 사 입고, 자전거를 사서 타고 다니는 데에 빌려간 돈을 먼저 쓴다는 것이지요.

한때 이런 사실을 두고 많은 사람들이 생물학적으로 여성이 남성보다 사업 능력이 뛰어난 증거라며 흥분하기도 했어요. 하지만 이런 설명은 사실과 거리가 멀고 원인은 다른 데에 있습니다. 젠더의 특성상 여성들은 먼저 가족을 위해 헌신하도록 되어 있습니다. 빌린 돈을 가지고 젠더로서의 특성을 유지해야만 하는 것이죠. 반면 타인과의 경쟁이나 체면을 유지하는 행동 등을 통해서 존재감을 드러내려 하는 남성들 또한 나름대로 자신들의 젠더적 규범을 충실히 따르고 있는 것입니다. 따라서 이를 두고 좋다 나쁘다를 논할 일은 아닌 것 같습니다.

남학생들이 학교생활에서 자주 일탈행동을 하고 규칙을 따르지 않는 데에는 또 다른 이유가 있습니다. 남자아이들은 보통 집에서 떠받들어지며 자랍니다. 이렇게 대접받는 데에 익숙해져 스스로 우쭐대는 경향이 있지요. 하지만 학교 성적은 여학생들에 비해 떨어지는 경우가 많습니다. 그들로선 매우 자존심이 상하는 일이겠지요. 이런 수치심을 가리기 위해 "그까짓 수학이나 국어 따위가 대수야?"라고 무시해 버리는 겁니다. 이런 식으로 자기들이 우습게 생각하는 여학생들과의 경쟁을 회피하는 것이지요.

학교에서 남학생들이 말썽을 더 많이 일으키는 것도 그
때문인가요?
—


대부분 남학생들은 자기주장이 강합니다. 이것은 공격적인 것
과는 조금 다른, 자기 과시의 한 방법입니다. 자기주장이 강하
면 좋은 면도 있습니다. 남들 앞에서 당당하게 자기 의견이나
생각을 관철할 수 있죠. 남에게 무시당하지 않고 자기 주장을
내세우려면 고집스러워야 하겠죠. 그리고 이런 고집스러움은
때로 호전성이나 공격성으로 변질되어 나타나기도 합니다. 두
개념 모두 하나의 원인, 즉 자기 존재감을 드러내고 싶어하는
욕구에서 비롯됩니다. 중요한 것은 교육을 통해 스스로 깨닫
고 바른 행동을 하도록 이끄는 것이죠.


**함께 토론해 봅시다!**

- 우리 사회에서는 어떤 물건들이 남자 또는 여자로서의 존재감을 드러내는 도구로 많
이 쓰일까요? 대표적인 것들을 열거해 보고 그 까닭에 대해서도 자유롭게 토론해 봅
시다.

안녕하세요? 저는 2009년 11월에 개봉하는 〈남성 지배〉*라는 다큐멘터리 영화에 대해 이야기해 보려고 해요. 다행히 요즈음 이런 주제의 영화들이 많이 만들어지고 있습니다. 벨기에 출신의 파트리크 장 감독이 만들었는데 아마 프랑스에 전역에서 개봉될 것 같습니다. 이 영화는 무척 흥미로운 주제를 다루고 있는데요, 네안데르탈인까지 거슬러 올라가 남성지배의 근원을 다루지만 역사적인 관점이 아니라 가정 내에서의 남성 지배와 폭력이 낳은 결과에 대해 이야기하고 있습니다. 이 영화는 남녀 어린이들에게 다른 종류의 장난감을 사주는 일이 얼마나 큰 문제인지도 지적하고 있습니다. 어릴 때 가지고 노는 장난감 같은 것이 남성 지배에 중요한 역할을 한다는 것이죠. 여자아이들에게는 좋은 살림꾼이 되라고 소꿉놀이 장난감을 주고, 남자아이에게는 총이나 무기 같은 장난감을 준다는 거예요. 지금의 어른들 또한 아직 이런 사고의 틀에서 벗어나지 못한 것 같습니다.

또 이 영화는 남근숭배에 대해서도 이야기하고 있는데요, 이런 정신분석학적 접근에 대해 선생님은 어떤 생

* **영화 〈남성지배La domination masculine〉** 2008년 파트리크 장Patric Jean이 만든 다큐멘터리 영화로 사회학자 피에르 부르디외가 쓴 책 『남성지배』라는 책에서 이름을 따왔습니다. 21세기의 사회에도 인간의 마음속 깊은 곳에 여전히 남아있는 남성지배의 의식을 날카롭게 파헤치고 있습니다.

각을 가지고 계신지 궁금합니다. 정신분석학은 관점에 따라 여러 가지로 해석될 수 있잖아요? 예컨대 남근과 남성성은 오토바이, 속도 또는 힘 등을 지니는 온갖 상징물들로 표현됩니다. 이는 여성이 남근을 가지지 않았기 때문에 힘 또는 활기를 잃어버렸다는 이야기로 이어집니다. 개인적으로 저는 이런 정신분석학적 견해를 걱정스럽게 보고 있습니다. 선생님께서는 남성 지배에 대한 정신분석학적 주장에 대해 어떻게 생각하시는지요? —

2009년 개봉 다큐멘터리 영화 〈남성지배〉의 포스터

영화 〈남성지배〉의 한 장면

질문에 대답하기 위해 한 과학자의 이론에 신이 얼마나 영향을 미쳤는지 루이18세가 물었을 때 그가 한 대답을 인용해 보겠습니다. 과학자는 이렇게 대답했답니다. "폐하, 저는 그런 (신이라는) 변수는 고려하지 않았습니다." 저도 비슷한 대답을 해야 할 것 같네요. 제 이론 속에 정신분석학이라는 변수들은 고려되지 않습니다. 어떤 현상을 이해하기 위해 저는 두 가지를 고려합니다. 첫째는 개인이고 두 번째는 전체 사회입니다. 특히 사회 현상을 설명할 때 남근을 끌어들이는 독특한 해석은 참조하지 않습니다. 정신분석학자들이 말하는 남근은 단호함, 오토바이, 총기 같은 단어나 앞에서 본 남자들의 '인생의 나이' 또는 강함/약함, 능동/수동, 외향적/내성적 등의 이분법으로 여성을 대상화하는 젠더의 의식구조에서 이미 표현되고 있으니까요.

함께 토론해 봅시다.

– 남자와 여자를 상징하는 사물들을 주변에서 찾아보고 이것들이 왜 각각 남성과 여성을 상징하게 되었을지 추리해 봅시다.

안녕하세요? 저는 프랑스의 상징 문양이
왜 마리안*인지 알고 싶어요.
프랑스가 여성이기 때문인가요?*
—

마리안과 그녀의 보닛 모자가 프랑스의 국가 상징으로 채택된 이유가 있긴 한데…. 잘 기억이 나지 않네요. 모리스 아퀼롱*이라는 역사학자가 이에 대해 쓴 책이 있어요. 하지만 지금 질문에 답해주기엔 제가 아는 게 너무 없군요. 다만 여성상을 국가를 대표하는 상징으로 채택한 것이 남성 지배라

---

* **마리안**Marianne  프랑스공화국과 자유, 평등, 박애라는 프랑스 혁명의 정신을 상징하는 여성상. 1789년 프랑스 혁명기에 프랑스, 자유, 평등, 공화정, 민중, 투쟁 등을 상징하는 표상으로 등장했습니다. 1830년 들라크루아가 그린 〈민중을 이끄는 자유의 여신〉에서 한 손에 장총을, 다른 손에 삼색기를 들고 있는 여신을 마리안 이미지의 원조로 볼 수 있습니다. 1848년 프랑스 상징인 여성상을 공모하면서 '마리안'이라는 이름이 붙었습니다. 당대의 유명 배우나 가수 등이 마리안 상을 대표하기도 하며 관공서나 법원 등에 서있는 조각상이나 프랑스의 유로화 동전, 우표 등에서도 그 모습을 볼 수 있습니다.
* **국가의 성**  프랑스어에서 명사들은 보통 남성과 여성 두 개의 성을 가집니다. 보통 국가 이름들은 여성 명사를 쓰며 프랑스France 또한 여성입니다.
* **모리스 아귈롱**Maurice Agulhon(1926-2014)  프랑스의 역사학자. 콜레주 드 프랑스 교수를 역임하였으며 저서로 『마리안의 투쟁』, 『마리안의 변신』, 『쿠데타와 공화국』 등이 있습니다.

는 큰 주제와 부딪친다고 생각하지는 않습니다. 태풍들이나 군함들의 이름에도 여성의 이름이 많이 붙습니다. 국가 정신을 이야기할 때 그 상징이 여성이라고 해서 꼭 연약함을 나타낸다고는 볼 수는 없잖아요. 씨앗을 뿌리는 고결한 여인의 모습을 표현한 마리안은 국민을 먹여 살리는 국가라는 전통적인 이미지와도 맞아떨어진다고 봅니다. 어쨌든 마리안을 국가의 상징으로 선택한 역사적인 이유가 있을 테니 꼭 한번 찾아보시기 바랍니다.

들라크루와 〈민중을 이끄는 자유의 여신〉, 1831

안녕하세요? 방금 선생님께서 개인과 사회를 설명할 때 정신분석학의 방법을 사용하지 않는다고 하셨잖아요? 선생님께서는 지금의 남성지배 사회와 우리 조상인 영장류들의 사회를 비교해 보셨나요? 그리고 이 둘의 삶이 전혀 다른 구조를 가졌다고 보시나요? 지능 발달이나 다른 동물들과의 차이에도 불구하고 불평등이 여전히 남아있다면 인류가 아직 원시적인 사회 구조에서 벗어나지 못했다는 증거로 볼 수 있지 않을까요? 그렇다면 우리는 아직까지 원시 인류의 유산을 답습하며 살고 있다는 말일까요?

—

질문은 잘 이해했습니다. 하지만 저는 이 질문에 대해 '아니요'라고 답하고 싶습니다.

몸집이 큰 다른 영장류들과 비교해 보아도, 인류는 수컷이 암컷을 살해하는 유일한 종입니다. 이것은 매우 중요한 점이에요. 동물 사회에도 수컷 우선권이라는 것이 있습니다. 하지만 수 고릴라가 암 고릴라를 계획적으로 살해한다는 얘기는 들어본 적이 없습니다. 다른 동물들도 수컷들 사이에 죽을 때까지 싸움을 벌이는 일은 자주 볼 수 있어요. 침팬지의 경우, 우두머리 수컷의 힘이 떨어지면 새로운 수컷이 왕좌를 빼앗은 뒤 자신의 절대 권력을 과시하기 위해 이전 우두머리의 젖먹이 새끼까지 다 죽이는 경우가 있습니다. 하지만 새로 권좌에 오른 침팬지가 아기 침팬지들을 죽이는 것은 암컷들의 수유를 중단시켜 다시 발정하게 만들려는 의도입니다. 아시겠지만 사람과 달리 암컷 침팬지들은 늘 임신이 가능한 것이 아니고 발정 기간이 따로 있습니다. 그래서 젖먹이들을 죽임으로써 암컷들의 수유를 막고 다시 발정하도록 만드는 겁니다.

이것 또한 동물 세계에서 지금까지 알려진 유일한 경우입니다. 다시 말해 인간은 공식적이거나 암묵적인 사회규범에 따라 수컷이 암컷을 고의적으로 살해하는 유일한 종이라는 얘기죠. 이를 통해 우리 인류가 같은 계통인 영장류와도 매우 다른 행동을 보이고, 전혀 다른 방향으로 진화해 왔다는 걸 알 수 있어요. 우리 인류는 영장류의 유산을 그대로 답습하고 있는 게 아닙니다. 그럼에도 감히 우리가 저들보다 낫다, 아니다를 얘기할 수 있을까요?

2009년 6월 6일 몽뢰유에서

# 10대들의 아고라 토론 노트

- 남녀의 신체적 차이를 능력의 차이로 볼 수 있을까요?
- 남녀의 능력의 차이를 두고 한쪽이 다른 쪽보다 우월하거나 열등하다고 말할 수 있을까요?
- 남녀의 행동과 능력의 차이가 가정이나 직장에서 권리의 차이로 이어지는 것이 정당할까요?
- 지금 여러분은 남녀가 평등한 사회에서 살고 있다고 생각하나요?
- 원시시대로부터 남성이 여성을 지배하는 사회가 만들어진 근본적인 원인은 무엇이었을까요?

# 토론해 봅시다!

- 우리나라에서도 남녀의 성에 따른 행동규범은 늘 변화해 왔습니다. 크게 변한 것들에는 어떤 것이 있는지 얘기해 보고 이런 변화가 왜 일어나는지도 생각해 봅시다.

10쪽

- 학교에서 배우는 것들 중에서 선천적으로 남자 또는 여자가 더 잘할 수 있는 과목이 있을까요?
- 만약 그런 과목이 있다면 능력의 차이 때문일까요 아니면 다른 이유 때문일까요
- 코미디, 드라마, 영화, 광고 등에서 남자와 여자에 대한 잘못된 고정 관념을 드러내는 예들을 찾아내 이야기해 봅시다.

19쪽

- 남자보다 여자에게 더 적합한 직업으로는 무엇이 있을까요?
- 만약 그런 직업이 있다면 그 이유는 뭐라고 생각하세요?

27쪽

– 가정에서 남자와 여자의 역할 분담 중에서 바꿔서 할 수 있는 것으로는 무엇이 있을까요?

– 과거에는 남자와 여자가 즐길 수 있는 취미생활이 달랐지만 지금은 함께 즐길 수 있는 것이 많아졌습니다. 그런 것으로는 무엇이 있을까요? 왜 그렇게 바뀐 것일까요?

– 남자 또는 여자에게 특화된 직업 중 오늘날엔 바뀐 것들이 많습니다. 어떤 것들이 있을까요? 그렇게 된 이유는 무엇일까요?

– 다음의 남녀 특성을 표현하는 단어들에 덧붙여 생각나는 단어들을 추가해 보세요. 그리고 이 단어들이 남자와 여자에 반대로 적용되었을 때 어떤 모습으로 그려질지 상상하고 토론해 봅시다.

- 남자 : 활달하다, 늠름하다, 자신감….
- 여자 : 얌전하다, 상냥하다, 모성애….

37쪽

– 우리나라 국회나 지방자치 의회에서 여성 의원 비율은 얼마나 되는지 조사해 봅시다.

– 우리나라도 여성들의 정치참여를 위해 많은 제도들을 시행하고 있습니다. 국회나 지방자치의회에서 여성 의원의 비율을 높이기 위한 제도에는 어떤 것이 있는지 조사해봅시다.

– 여성들의 정치참여와 정치세력화를 위해 어떤 새로운 방안이 있을지 아이디어를 내봅시다.

43쪽

- 세계적으로 여자들의 문맹률이 더 높은 이유는 무엇이라고 생각하나요?
- 여자들의 높은 문맹률을 극복하기 위한 방법으로 무엇이 있을까요? 아이디어를 내봅시다.
- 아이를 기를 때 엄마보다는 아빠가 더 잘 할 수 있는 일들도 있을 것 같습니다. 어떤 것이 있을지 함께 생각해 봅시다.

46쪽

- 같은 감정에 대해서 남자와 여자가 반응하는 방식은 다릅니다. '놀랐을 때', '화가 났을 때', '슬플 때', '기쁠 때', '행복할 때' 남녀가 반응하는 방식이 어떻게 다른지 구체적으로 서술해 봅시다.
- 감정에 반응하는 남녀의 다른 행동들이 본능에 따른 것인지 아니면 관습에 의한 것인지에 대해서도 토론해 봅시다.

61쪽

- '차이'와 '차등' 그리고 '차별'의 말뜻에 대해 정의해 봅시다.
- '차등'에서 오는 '차별'과 '차이'에서 오는 '차별'에는 어떤 것이 있을지 예를 들어 이야기해 봅시다.
- '차등'이나 '차이'에 따라 '차별'을 두는 것이 정당한지에 대해서도 토론해 봅시다.

84쪽

- 내가 여자 또는 남자로 태어나서 가지게 되는 불이익은 무엇이 있을까요? 함께 이야기해 봅시다.
- 내가 여자 또는 남자로 태어나서 좋은 점에 대해서도 이야기해 봅시다.

88쪽

- 우리나라도 저출산의 문제가 심각하게 대두되고 있습니다. 국가나 사회적으로 저출산과 인구감소가 왜 문제가 되는지 조사해 봅시다.
- 스웨덴이나 프랑스 등 선진국들이 저출산 문제를 어떤 정책으로 극복했는지 조사해보고 우리나라의 저출산 극복 방법에 대해서도 토론해 봅시다.

91쪽

- 남녀를 떠나서 '동일한 노동에 동일한 임금'을 적용해야 한다는 원칙에 대해 여러분은 어떻게 생각하시나요? 부모님이나 어른들의 의견을 먼저 물어본 후 함께 토론해 봅시다.

96쪽

- 과거에 예술은 여성들에게 매우 낯선 영역이었습니다. 그럼에도 어려운 환경 속에서 훌륭한 예술작품을 만들어낸 여성 예술가들도 많습니다. 우리나라를 비롯하여 세계적으로 시대의 편견을 극복하고 예술적 성취를 이루어낸 여성 예술가들을 찾아내고 그들이 어떻게 예술가의 길을 걸었는지에 대해 조사해 봅시다.

99쪽

- 우리나라도 옛날에는 여성들이 하지 말아야 할 것, 즉 금기사항들이 많았습니다. 이런 사례들을 찾아보고 왜 그랬을지 추측하고 이야기해 봅시다.

101쪽

- 누구든 자신의 성과 다른 젠더적 특성 가지고 있습니다. 예를 들어 나는 여자이지만 운동을 좋아하고 나는 남자이지만 인형 가지고 놀기를 좋아할 수 있어요. 내가 자신의 성과 반대되는 어떤 젠더적 특성을 가지고 있는지 곰곰이 생각해 보고 허심탄회하게 이야기해 봅시다.

104쪽

- 젠더마다 집단에서 자기의 존재감을 드러내는 방법이 다릅니다. 여러분 주위에서 남학생 또는 여학생들이 어떠한 방법으로 자신을 드러내려 하는지 이야기해 봅시다.
- 동성애나 동성 간의 결혼은 허용될 수 있을까요? 찬성하거나 반대한다면 그 근거는 무엇일까요?

108쪽

- 우리 사회에서는 어떤 물건들이 남자 또는 여자로서의 존재감을 드러내는 도구로 많이 쓰일까요? 대표적인 것들을 열거해 보고 그 까닭에 대해서도 자유롭게 토론해 봅시다.

114쪽

- 남자와 여자를 상징하는 사물들을 주변에서 찾아보고 이것들이 왜 각각 남성과 여성을 상징하게 되었을지 추리해 봅시다.

117쪽

# 나의 생각 사전

올바른 토론을 위해서는 사용하는 용어들의 뜻을 먼저 정리해 볼 필요가 있습니다. 이 책을 읽고 다음 용어들의 뜻과 용어들 사이의 차이를 생각해 보고 자신의 생각을 섞어 나만의 용어사전을 만들어 봅시다.

성性과 젠더Gender

## 편견偏見과 고정관념固定觀念

## 자연自然과 문화文化

## 차이差異와 차별差別

## 지감直感과 사유思惟

## 원시사회原始社會

## 상징象徵

## 남성지배男性支配

## 인류학人類學(anthropology)

# 정신분석학精神分析學(psychoanalysis)

# 정형화定型化

인류학자가 들려주는 성과 젠더 이야기

## 남녀차별은 왜 생겨났나?

**1판 1쇄 발행** 2017년 4월 25일
**개정판 1쇄 발행** 2019년 8월 30일

**지은이** 프랑수아즈 에리티에
**옮긴이** 박찬규
**디자인** 페이지트리
**펴낸이** 박찬규
**펴낸곳** 구름서재

**등록** 제396-2009-000058호
**주소** 서울시 마포구 서교동 375-24 그린홈 301호
**전화** 02-3141-9120 / **팩스** 02-6918-6684
**이메일** fabrice1@chol.com
**블로그** http://blog.naver.com/fabrice
ISBN 979-11-952834-6-0 (43330)